Gottfried Hierzenberger

Der Islam

Gottfried Hierzenberger

Der Islam

marixverlag

Bibliografische Information der Deutschen Nationalbibliothek
Die Deutsche Nationalbibliothek verzeichnet diese Publikation in der Deutschen
Nationalbibliografie; detaillierte bibliografische Daten sind im Internet über
http://dnb.d-nb.de abrufbar.

4. Auflage 2017

© by marixverlag in der Verlagshaus Römerweg GmbH, Wiesbaden
Projektbetreuung:
Verlagsagentur Mag. Michael Hlatky, A – 8071 Vasoldsberg
Lektorat: PD Dr. Marco Frenschkowski, Hofheim/Taunus
Covergestaltung: Thomas Jarzina, Köln
Bildnachweis: akg-images GmbH, Berlin
Satz und Bearbeitung: C&H Typo-Grafik, Miesbach
Gesetzt in der Palatino
Gesamtherstellung: CPI books GmbH, Leck – Germany

ISBN: 978-3-86539-903-8

www.verlagshaus-roemerweg.de

INHALT

Grundwissen Islam . . . .　7

Eine Weltreligion im politischen Zwielicht . . . .　10

Muhammad und die Entstehung des Islam . . . .　21
   Die Kaaba – ein uraltes Heiligtum . . . .　21
   Die Berufung zum Propheten . . . .　23
   Der Auszug aus Mekka (Hidschra) . . . .　28

Die muslimische Gemeinde eint die
Arabische Halbinsel . . . .　32
   Kontakte mit Juden und Christen . . . .　32
   Das »Volk« der Muslime . . . .　34
   Auseinandersetzungen mit den Mekkanern . . . .　35
   Beginn der arabischen Einigung . . . .　39
   Der frühe Tod des Propheten . . . .　40

Die Entwicklung des Islam unter den ersten Kalifen . .　42
   Abu Bakr (632 bis 634) . . . .　42
   Umar ibn al-Hattab (634 bis 644) . . . .　42
   Uthmān ibn Affan (644 bis 656) . . . .　45
   Ali ibn Ali Talib (656 bis 661) . . . .　47

Der politische Entwicklungsweg des Islam bis zur
Gegenwart . . . .　50
   Die Dynastie der Umaiyaden (661 bis 750) . . . .　50
   Die Dynastie der Abbasiden (750 bis 1258) . . . .　53
   Das Osmanenreich (1291 bis 1924) . . . .　63
   Anteile der Muslime an der Weltbevölkerung . . . .　70
   Die »kalifenlose« Zeit (1924 bis zur Gegenwart) . . . . .　71

Die Glaubenslehre des Islam . . . .　76
   Die »fünf Säulen« (Arkān) . . . .　78
   Die Gotteslehre . . . .　89

Ansätze einer islamischen Ethik 96
Muhammad – das »Siegel der Propheten« 97

Islamische Mystik (Sufismus) und Philosophie 103
Die Anfänge der islamischen Mystik 104
Islamische Mystik in der Blütezeit islamischer
Philosophie und Lyrik 107

Das islamische Religionsgesetz (Scharīa) 116
Die Quellen der Scharīa 116
Sunniten und Schiiten 123
Das islamische Rechtssystem 125
Die rechtliche Stellung der Frau 128

Muslime in Deutschland 131

Muslimische Riten und Feste 135

**Überblick über Sekten, Orden und Erneuerungs-
bewegungen** 141

Verwendete Literatur 157

GRUNDWISSEN ISLAM

Die jüngste unter den Weltreligionen ist auch zugleich die zahlenmäßig stärkste unter den außerchristlichen Religionen und die am schnellsten wachsende – vor allem in Europa und im deutschen Sprachraum.

Es sind aber kaum die andersartige Spiritualität oder das exotische Lebensgefühl, wodurch das Interesse der Europäer am Islam geweckt wurde und was zu sehr vielen »Übertritten« geführt hat. Es waren einerseits die Wellen von Gastarbeitern, die seit der Mitte des vorigen Jh. aus südlicher, südöstlicher und östlicher Richtung nach Westeuropa strömten, andererseits gewaltige Migrations- und Flüchtlingsströme in den vergangenen Jahren, durch die sich die Zahl der Muslime im deutschen Sprachraum, aber auch in Skandinavien und in fast allen EU-Ländern vervielfacht hat.

Natürlich spielt dabei auch das energiewirtschaftliche Potenzial eine gewisse Rolle, das vor allem im Vorderen Orient – durch die reichen Öllager – hinter der Religion des Islam steht und zu regen Geschäftsbeziehungen, zahlreichen Auslandsinvestitionen und Geschäftsniederlassungen muslimischer Unternehmer in vielen Ländern Europas, Afrikas und Asiens – und umgekehrt – geführt hat.

Zum ursprünglichen Verbreitungsgebiet im Vorderen Orient (Arabische Halbinsel, Palästina, Jordanien, Syrien), in Nordafrika bis Spanien, in Südosteuropa, in der Türkei und in Persien kamen auch weite Gebiete im südlichen Zentralasien (Aserbaidschan, Kasachstan, Kirgisistan, Tadschikistan, Turkmenistan, Usbekistan), dazu Afghanistan, Pakistan und große Teile Indiens sowie Südostasiens (Malaysia, Indonesien) bis nach China und Korea und im späten 19. sowie im 20. Jh. auch viele schwarzafrikanische Länder.

Insgesamt schätzt man, dass sich gegenwärtig etwa 1,6 Milliarden Menschen zum Islam bekennen, die sich vor allem auf etwa 50 Staaten mit einem Bevölkerungsanteil von mehr als 10 Prozent verteilen. In Deutschland leben derzeit etwa

3.300.000 (4 Prozent) Muslime, in Österreich etwa 350.000 (4,3 Prozent).

Die starke Bedrohung, die von einzelnen radikalen Gruppierungen (z. B. von der Moslem-Bruderschaft) oder Anschauungen (Islamistische Fundamentalisten) bzw. von Terror-Organisationen (Al-Fatah, Hamas, Hisbollah, Al-Qaida etc.) ausgeht, hat das Interesse einer breiten Öffentlichkeit am Islam beträchtlich verstärkt, weil viele Menschen fragen, ob es zur Natur des Islam gehört, eine kämpferische oder gar gewalttätige Religion zu sein, oder ob es nur wegen der besonders starken Verquickung von Frömmigkeit und Politik zu solchen terroristischen Auswüchsen kommt, die zu Beginn des neuen Jahrtausends die Völkergemeinschaft bedrohen und die Errungenschaften der freien Bürgergesellschaft in Frage stellen.

Der Anspruch des Islam, unter den monotheistischen Religionen eigentlich die älteste zu sein, auf alle Fälle aber den strengsten, reinsten und konsequentesten Monotheismus zu vertreten, überrascht viele Christen. Sie sind zwar bereit, beides dem Judentum zuzugestehen – und damit auch für die eigene Religion in Anspruch zu nehmen –, sprechen es aber vehement dem Islam ab, weil sie in ihm hauptsächlich eine politische Größe sehen, mit dem immer bedrohlicher werdenden Terrorismus oder mit einem anachronistisch-brutalen Strafvollzug (Handabhacken für Diebe, Steinigung für Ehebrecherinnen) und den allgemeinen Menschenrechten widersprechenden Benachteiligungen z. B. der Frauen in Zusammenhang bringen. Sie sind daher geneigt, ihn als eine »orientalische Volksreligion« ohne ernst zu nehmende Theologie und ohne nennenswerte spirituelle Werte misszuverstehen.

Solche Positionen verraten aber mangelndes Wissen, einseitige Perspektiven und unreflektierte Vorurteile. Zwischen Christentum und Islam gab es viele positive und noch viel mehr – für beide Seiten – negative Berührungspunkte, insgesamt eine immerhin vierzehn Jahrhunderte umspannende gemeinsame Geschichte, die zum Teil sicherlich noch der Aufarbeitung in Richtung Vergangenheitsbewältigung bedarf.

Das mangelnde Wissen voneinander und die Gefahr, dass im Zusammenhang mit dem Terror-Fanal vom 11. September 2001 ein neues »Feindbild Islam« aufgebaut wird, ist umso bedauerlicher, als es sich beim Islam um die zweitgrößte der fünf großen Weltreligionen handelt und um eine, deren Vertreter neben uns arbeiten und noch dazu um eine, deren Mentalität und Spiritualität aber trotzdem vielen Menschen in Deutschland, Österreich und der Schweiz weitgehend ein »Buch mit sieben Siegeln« ist.

Um diesem Wissensdefizit abzuhelfen, die Diskussion der vielen mit dem Islam zusammenhängenden Fragen und Probleme besser mitverfolgen und verstehen und Rückschlüsse auf Querverbindungen zur eigenen religiösen Tradition, Lehre oder Position ziehen zu können, ist für den Interessierten ein GRUNDWISSEN ISLAM nötig, das in diesem Buch vermittelt wird.

Die Kaaba in Mekka ist das älteste Zentrum der islamischen Frömmigkeit

EINE WELTRELIGION IM POLITISCHEN ZWIELICHT

Die Geographie des Islam zeigt seine schnelle Verbreitung: Zu Beginn des 9. Jh., also etwa 180 Jahre nach der Hidschra (= Auswanderung Muhammads von Mekka nach Medina im Jahr 622 n. Chr. und Beginn der islamischen Zeitrechnung) dominierte der Islam in Ländern und Gebieten, die heute unter den folgenden Namen bekannt sind: Spanien, Portugal, Marokko, Algerien, Tunesien, Libyen, Ägypten, Saudi-Arabien, Irak, Oman, Arabische Emirate, Jemen, Südjemen, Kuwait, Israel, Jordanien, Syrien, Libanon, Iran, Georgien, Afghanistan, Pakistan, Kasachstan, Kirgisistan, Usbekistan, Tadschikistan und Aserbaidschan.

Spanien und Portugal wurden zwar nach langen blutigen Auseinandersetzungen im 13. Jh. von den Christen zurückerobert *(Reconquista)*, die anderen Staaten blieben aber bis heute entweder vom Islam dominiert oder zumindest wesentlich von ihm beeinflusst. Während der wechselvollen Kämpfe im Westen Europas ging auch die Expansion des Islam im Osten weiter: auf dem Balkan bis nach Ungarn und Wien (1529 und 1683); in die gesamte Türkei; die ostafrikanischen Küstenländer vom Sudan bis Sansibar; die Sahararouten nach Nigeria und weit hinein in die verschiedensten Staaten Schwarzafrikas; ebenso von Pakistan aus ost- und südostwärts nach Nepal und Indien – wo die islamischen Moghuln (= Mongolen) von Delhi aus weite Teile des Subkontinents beherrschten – und weiter nach Malaysia, in die Philippinen und vor allem Indonesien – bis nach China.

Im 18. und 19. Jh. machte sich dann eine Gegenbewegung breit, die vor allem vom europäischen Kolonialismus getragen wurde und den drei islamischen Imperien, die damals den größten Teil der islamischen Welt beherrschten, Schritt für Schritt ein Ende bereitete: dem seit 1504 bestehenden **Moghul-Reich** auf dem Indischen Subkontinent; dem **Safawiden-Reich** im Iran (seit 1501) und dem **Osmanenreich,** das seit 1291 Klei-

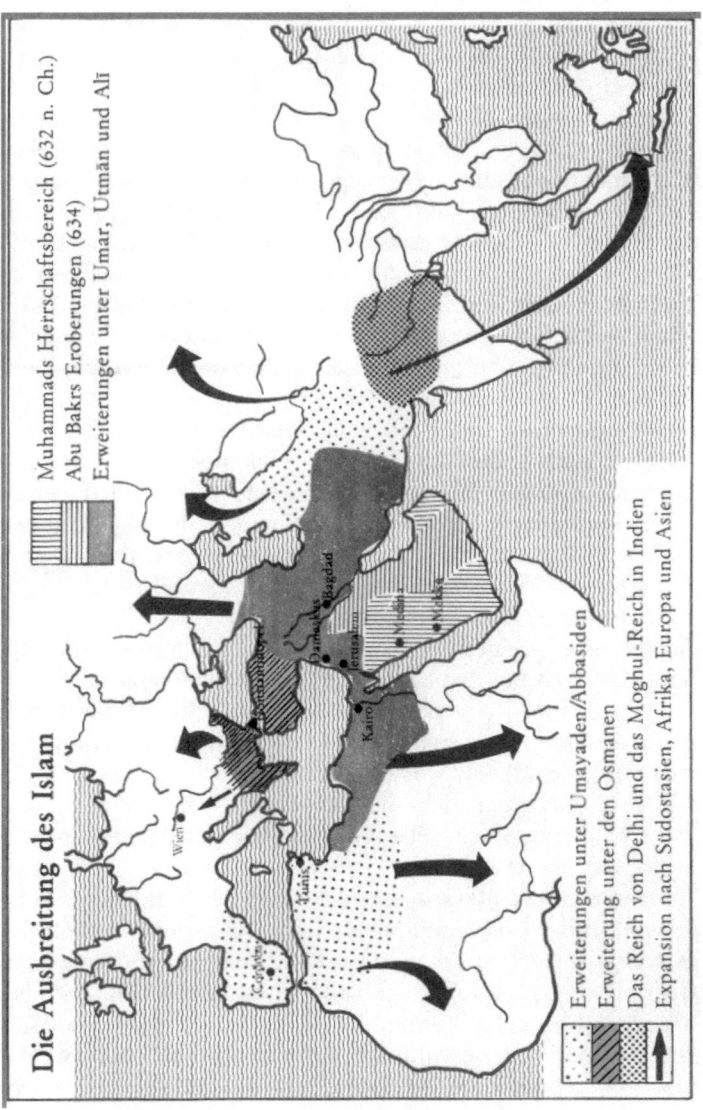

Die Ausbreitung des Islam

Muhammads Herrschaftsbereich (632 n. Ch.)
Abu Bakrs Eroberungen (634)
Erweiterungen unter Umar, Utmān und Alī

Erweiterungen unter Umayaden/Abbasiden
Erweiterung unter den Osmanen
Das Reich von Delhi und das Moghul-Reich in Indien
Expansion nach Südostasien, Afrika, Europa und Asien

nasien und den Balkan, und seit 1516 auch die gesamte arabische Welt, nämlich Syrien (Palästina), die arabische Halbinsel, Ägypten und später auch den größten Teil Nordafrikas (Libyen, Tunesien, Marokko, Algerien) beherrschte. Die Herrscher dieser drei Großreiche – von deutschsprachigen Europäern scherzhaft »Groß-Moghul«, »Groß-Sephi« und »Groß-Türke« genannt – lieferten Rückzugsgefechte gegen die Portugiesen und Russen, vor allem aber gegen die Briten und die Franzosen. Diese erlangten im Zuge der industriellen Revolution und der damit verbundenen rasant wachsenden Zivilisation, durch die Installierung der Welthandelskompanien, nicht zuletzt auch durch den Siegeszug von Aufklärung und Bürgergesellschaft seit der Französischen Revolution und durch die deutliche Trennung von Staat und Religion zunehmend die Kontrolle über die islamische Welt.

Dies hinterließ tiefe Spuren im Selbstbewusstsein der Muslime, die sich – obwohl die vier genannten Kolonialmächte durchwegs auch in einer christlichen Tradition standen – unter einer »Fremdherrschaft der Ungläubigen« fühlten. Diese zuerst anti-europäischen, vor allem anti-britischen, ab der zweiten Hälfte des 20. Jh. zunehmend anti-amerikanischen und dann anti-westlichen Ressentiments spielen eine große Rolle bei den islamischen Erneuerungsbewegungen oder Befreiungskämpfen, aber auch bei den Assimilations- oder Integrationsbemühungen der im Zuge der Arbeitsmigration als Minderheiten in viele Staaten der westlichen Welt eingewanderten und dort ansässig gewordenen Muslime.

Dabei darf man nicht übersehen, dass der Islam keineswegs eine einheitliche Struktur hatte und auf den Europäer nur infolge einer weit verbreiteten Ignoranz bzw. eines ausgesprochenen Desinteresses einen homogenen Eindruck macht. Sowohl in der Geschichte wie in der Gegenwart gab und gibt es riesige Unterschiede zwischen den einzelnen muslimischen Gruppierungen, die aber von den meisten Menschen kaum bemerkt und beachtet werden. Die Vorstellungen, die man sich vom Islam macht, beschränken sich auf gewisse Klischees, die nur wenig über eine Mischung aus exotisch-orientalischem Flair und 1001-Nacht- beziehungsweise Karl May-Romantik hinausreichen.

Viele Menschen sind daher sehr überrascht, wenn sie von der bunten Vielfalt der »Konfessionen« und »Rechtsschulen«, »Orden« und »Sekten« der Muslime hören, die in vieler Hinsicht der großen Vielfalt der »Christentümer« nicht nachsteht.

Unser Interesse an der komplexen Struktur und wechselvollen Geschichte und Entwicklung der auf den Araber **Muhammad** (570–632 n. Chr.) zurückgehenden islamischen Weltgemeinschaft ist beträchtlich gewachsen. Das hat viele Ursachen:

Der Vormarsch des islamischen Fundamentalismus und der Moslem-Bruderschaft (seit 1928 in Ägypten); die permanenten Auseinandersetzungen zwischen Israeli und Palästinensern (seit 1948), in die sich viele arabische Länder und islamische Gruppierungen des Vorderen Orients einmischten oder hineingezogen wurden und werden; das starke politische Engagement angesehener Ayatollahs und der 180.000 Mullahs im Iran (seit 1978); und in jüngster Zeit durch das Terrornetz der mit dem Namen *Osama bin Laden* verbundenen Al-Qaida und die Anschläge vieler autonom und verdeckt agierender Einzelkämpfer oder kleiner Terror-Gruppen, die in mehr als dreißig Ländern tätig sind.

Das große Ungleichgewicht zwischen **Sunniten** (vier Fünftel aller Muslime) und **Schiiten** (ein Fünftel) – was eine erste grobe Einteilung der muslimischen Gruppierungen bedeutet – ist heute prozentuell ungefähr gleich wie in der Frühzeit des Islam. Diese grobe Unterscheidung hat aber doch eher nur statistische Bedeutung, denn unter den **Schiiten** gehören z. B. die persischen Mullahs und Ayatollahs zur sogenannten *Zwölfer-Schia* (Imamiya), die zwölf Imame anerkennt und in Persien von 1572 bis 1941 (und dann wiederum seit 1979) die Staatsreligion darstellt. Vor ihr gab es aber schon seit etwa tausend Jahren eine zweite Hauptrichtung, die *Siebener-Schia,* die mit dem extremen **Ismailitentum** im Zusammenhang stand. Unter der Führung von *Hassan Sabbah,* des »Alten vom Berg«, entstand daraus die Sekte der *Assassinen,* die von Jordanien bzw. dem Nordiran aus mit terroristischen Aktionen am Sturz des sunnitischen Kalifats arbeitete. Andere Gruppen wie die *Karmaten* bestehen heute nicht mehr. Heute von Bedeutung sind dagegen zwei Zweige, die in Indien ihren Sitz haben, nämlich die *Bohoras* – eine reiche Kaufmannskaste, die im »Mullahdschi« ihr geistiges Oberhaupt verehren – und die *Khodschas,* die *Agha Khan* als ihren »göttlichen Imam« verehren. Bei all diesen ismailitisch-schiitischen Gruppierungen gibt es auch eine traditionelle **Geheimlehre,** die dem sunnitischen Islam eigentlich fremd ist. Im Jemen gibt es außerdem noch die *Fünfer-Schia* – sie sieht in Zaid, dem Urenkel Husains, den 5. Imam; ihre Anhänger wurden deshalb zeitweise auch *Zaiditen* genannt.

Doch auch die **Sunniten** (zu denen sich heute mehr als eine Milliarde Muslime rechnen) vertreten sehr unterschiedliche Modelle des Islam, die vor allem von den verschiedenen **Rechtsschulen** geprägt werden. Da gibt es die konservative und rigorose Schule des *Ibn Hanbal (Hanbaliten),* die ungleich stärker verbreitete des *Abu Hanifa (Hanafiten),* die vor allem in Nordafrika und im Vorderen Orient tätige Schule des *Malik (Malikiten)* und die zweitgrößte und zugleich liberalste Schule des *Schafi'i (Schafiiten).* Die Zugehörigkeit zu einer dieser Schulen ist stark traditions- und familienabhängig – man wird wie in eine christliche Konfession hineingeboren.

Innerhalb der einzelnen Rechtsschulen gibt es aber wieder Reformatoren, die großen Einfluss erlangten und Spaltungen bzw. Neuorientierungen verursachten. So orientierten sich z. B. viele Muslime auf der Arabischen Halbinsel – die sogenannten *Wahhabiten* – an den Lehren des *Mohammed ibn Abd-al Wahhab* (1696–1787), der nur das am Islam gelten ließ, was auch zur Zeit Muhammads Richtschnur und Praxis war. Mit großem Fanatismus bekämpfte er den Heiligenkult und die übertriebene Verehrung des Propheten Muhammad, den Gebrauch der Gebetskette, den Tabakgenuss und z. B. die Freude an Musik, Spiel, Tanz und kostbarem Schmuck. Seine asketischen Prinzipien wurden auch von den osmanischen Machthabern bekämpft, von anderen aber als Reform und Neubelebung des Islam begrüßt – wie vom arabischen Stammesführer *Ibn Sa'ud,* der den Niedergang des osmanischen Reichs und das endgültige Ende des Kalifats (1924) nutzte, um die Kontrolle und Schutzherrschaft über die heiligen Stätten an sich zu ziehen. Bis heute – nicht zuletzt aufgrund des Ölreichtums im saudiarabischen Territorium – übt Saudiarabien auf diese Weise großen Einfluss auf die gesamte sunnitisch-islamische Welt aus. Die Saudis finanzieren z. B. mit dem Öl-Geld eine ausgedehnte Buchproduktion in vielen islamischen Ländern, leisten Zuschüsse zum Bau von Moscheen (wie z. B. in Bosnien) und verstehen es, das wahhabitische Gedankengut auf diese Weise sehr erfolgreich »unter das Volk« zu bringen. Über weitere Gruppierungen wird später noch berichtet werden.

In unseren Tagen ist der aus einer jemenitischen Baumeister-Familie stammende **Osama bin Laden** (geb. 1957) zu einem traurigen Ruhm als Drahtzieher in diesem Ausmaß noch nie verübter terroristischer Akte gekommen. Er lebte als angesehener Bürger in Saudi-Arabien, ehe er in den achtziger Jahren als saudischer Repräsentant zu den Mudschaheddin nach Afghanistan ging und von den Amerikanern für den *Dschihad* gegen die Sowjets, die damals das Land besetzt hielten, ausgebildet wurde. Osama sagt über diese Zeit: *Die Waffen kamen von den Amerikanern, das Geld von den Saudis.* 1990 kehrte er mit Tausenden Kämpfern nach Saudi-Arabien zurück und stellte sie nach dem Überfall Saddam Husseins auf Kuwait König Faht zur Verfügung. Der aber wusste um Osamas Pläne, die großen islamischen Wallfahrtsorte Mekka und Medina aus der saudischen und Jerusalem aus der israelischen Dominanz zu »befreien«, und vertraute lieber den Amerikanern und Briten. So erteilte er Osama bin Laden eine Absage und entzog ihm sogar die saudi-arabische Staatsbürgerschaft. Das bestärkte diesen offensichtlich, sich als »Retter aller Muslime« zu fühlen und der gesamten westlichen Welt, aber auch den kooperationswilligen Muslimen am 12. Oktober 1996 den Krieg zu erklären:

Die Menschen des Islam leiden unter Aggression, Ungleichheit und Ungerechtigkeit durch das Bündnis aus Zionisten, und Kreuzfahrern und ihren Kollaborateuren … Jeder Volksstamm auf der Arabischen Halbinsel hat nun die Pflicht, den Dschihad zu kämpfen und das Land von diesen Kreuzfahrer-Besetzern zu säubern … Meine Muslimbrüder! Eure Brüder in Palästina und im Land der zwei heiligen Stätten bitten um eure Hilfe und fordern euch auf, am Kampf teilzunehmen.

Zuerst im Sudan, dann – unter dem Schutz der Taliban – von Afghanistan aus und seit 2002 mit unbekanntem Aufenthalt (er wurde seitdem gelegentlich im Jemen oder in Indonesien vermutet) versucht er, seine fundamentalistisch orientierten, aber ins Maßlose gesteigerten Pläne zu realisieren. Die von den Amerikanern durchgezogene Säuberung Afghanistans von den fanatischen Taliban- und Al-Qa'ida-Kämpfern hat zwar Ende 2001/Anfang 2002 deren Hochburgen im Hindukusch zerschlagen und einige bekannte Anführer das Leben gekostet, sie aber andererseits veranlasst, in den Untergrund zu gehen.

Die folgenden Ausschnitte aus einem Interview, das Osama bin Laden 1998 den »News of Pakistan« gab und das 1999 im »Time Magazin« und 2001 im österreichischen Magazin »Format« veröffentlicht wurde, geben Einblick in seine Denkweise:

Jeder Dieb, jeder Kriminelle, jeder Räuber, der in ein anderes Land eindringt, um zu stehlen, sollte zu jeder Zeit damit rechnen, dass er ermordet wird. Milliarden von Muslimen sind böse auf Amerika. Die Amerikaner sollten sich also Reaktionen aus der muslimischen Welt erwarten, die den von ihnen begangenen Ungerechtigkeiten angemessen sind. (Auf die Frage nach seinem ABC-Waffen-Potenzial:) *Sich für die Verteidigung der Muslime zu bewaffnen, ist religiöse Pflicht. Sollte ich diese Waffen wirklich besorgt haben, dann danke ich Gott, dass er mir dies ermöglicht hat. Wenn ich dereinst versuche, solche Waffen zu erwerben, dann übe ich eine Pflicht aus. Es wäre eine Sünde für einen Muslim, nicht alles zu tun, um an Waffen zu kommen, die geeignet sind, die Ungläubigen davon abzuhalten, den Muslimen Böses anzutun. Die Vereinigten Staaten wissen, dass ich sie – dank der Gnade Gottes – seit über zehn Jahren schon angreife. Gott weiß, dass uns die Ermordung amerikanischer Soldaten mit Freude erfüllt. Amerika hat versucht, seine wirtschaftliche Blockade gegen uns noch zu verstärken und mich zu verhaften. Das ist nicht gelungen. Diese Blockade tut uns nicht sehr weh. Gott wird uns belohnen.* (Auf den Hinweis, dass nicht alle Muslime wie er denken:) *Wir sollten unsere Religion genau verstehen. Der Kampf ist ein Teil unserer Religion und unserer religiösen Gesetze. All jene, die Gott, seinen Propheten und diese Religion lieben, können sich dem nicht entziehen. Feindseligkeit gegen Amerika ist unsere religiöse Pflicht, und wir hoffen, dafür eines Tages von Gott belohnt zu werden. Ich bin zuversichtlich, dass die Muslime in der Lage sein werden, die Legende von der Supermacht Amerika … zu zerstören.*

Wie Osama bin Laden seine wahhabitische Herkunft nie verleugnet hat, so weist **Muammar Al-Gaddafi** in Libyen – im letzten Viertel des 20. Jh. einer der Drahtzieher des internationalen Terrorismus – eine gewisse Nähe zur Tradition des *Sanussi-Ordens*, also zum **Sufismus** (= islamische Mystik), auf.

Wenn vom Islam die Rede ist, übersieht man über der von den Muslimen sehr konsequent und für jedermann sichtbar vollzogenen Religionsausübung oft die innere Seite, nämlich die tiefe Frömmigkeit und Verinnerlichung vieler Gläubiger in der Befolgung der Anweisungen des Propheten, der Imame und anderer religiöser Führer und Vorbilder. Welche bedeutsame Rolle dabei der Sufismus und viele seiner Vertreter in der islamischen Geistesgeschichte gespielt haben, wird uns später noch beschäftigen.

Es waren vor allem Sufis, die den Kontakt mit anderen Religionen suchten und fanden; sie betonten Gemeinsamkeiten und tolerierten Verschiedenheiten und wussten, dass man in der konsequenten Gottsuche und Gottbegegnung von Herz zu Herz sprechen und über alle Grenzen von Sprache und Tradition, Gesetzen und Rechtsordnungen hinweg einander verstehen und sich dem einen Gott zuwenden kann.

Dies zeigt das folgende Gebet, das der katholische Priester *Ernst Bannerth* – als Leiter einer islamisch-katholischen Sufi-Gemeinde so etwas wie ein christlicher *Derwisch* (= Armer; Bezeichnung für einen islamischen Ordensangehörigen) – in einer arabischen Handschrift gefunden hat und als Einführungsgebet in eine mystische Gottbegegnung empfiehlt:

Gepriesen sei der Allerhabene – Er sagt zu seinen Dienern: Such mich, du findest mich!

Ich bin der Mächtige, der alles ins Dasein rief – Ich bin der Richter: Such mich, du findest mich!

Ich bin der reichlich Gaben Spendende – Ich bin der Geber: Such mich, du findest mich!

Ich bin der Herr, der alles Gestaltende – Ich bin der Vergebende: Such mich, du findest mich!

Ein Halt bin ich für jeden Menschen – Deine Zuflucht bin ich: Such mich, du findest mich!

Ich bin der allweise Gott, ich, der Behütende – Gegen jeden Feind: Such mich, du findest mich!

Anwalt der Witwen und Waisen bin ich – Mich sucht man: Such mich, du findest mich!

Der das Flehen erhört, bin ich – Ich erhöre den Diener: Such mich, du findest mich!

Wirfst du dich nieder, da du mich anflehst – So bin ich dir nahe: Such mich, du findest mich!
Ich sehe ja nicht auf deine Schuld – Schütze ich dich nicht? Such mich, du findest mich!
Weißt du nicht, dass ich dir näher bin als deine Schlagader? – Such mich, du findest mich!

Die **Moslem-Bruderschaft** – 1928 von *Hasan al-Bannā* in Ägypten begründet – oder die **Islamische Gemeinschaft** des Pakistani *Abul A'la Maududi* (gest. 1979) gehen einen anderen Weg, nämlich den Weg des Fundamentalismus oder Islamismus, also der politisch akzentuierten Ideologie und des antikolonialistischen, später antiwestlichen Ressentiments. Beide haben wesentlich zur starken Polarisierung des Islam in der heutigen Zeit beigetragen – wobei sie auf ein Verständnis zurückgreifen, das man tatsächlich vielfach im *Koran* finden kann; dort gibt es aber auch viele gegensätzliche Äußerungen, die jede Radikalisierung verbieten – es kommt dabei jeweils auf den »Sitz im Leben« und die konkrete Situation an, in der bestimmte Sätze verkündet wurden. Es gibt also im Koran ebenso wenig wie in der Bibel eine völlig »übergeschichtliche« Wahrheit

Der folgende Text drückt die Zielrichtung dieser radikalen Islam-Mission – deren verschiedene Strömungen und Organisationen untereinander durchaus nicht einig sind – recht drastisch aus und lässt erkennen, wovon das heutige Feindbild eines radikalen Moslem genährt wird:

In früheren Zeiten hat es eigene Propheten für die verschiedenen Völker gegeben … Diese Zeit des mehrfachen Prophetentums ging mit dem Auftreten Muhammads zu Ende. Die Lehren des Islam wurden durch ihn vervollkommnet, ein fundamentales Gesetz wurde für die ganze Menschheit formuliert, und er wurde zum Propheten für die ganze Welt gemacht. Seine Botschaft war weder für ein bestimmtes Volk oder Land noch für einen begrenzten Zeitraum gedacht. Sie ist vielmehr für alle Menschen und alle Zeiten gültig. (Text von Abul A'la Maududi, gest. 1979.)

Für heutige Christen klingen solche Töne eher ungewohnt, besser gesagt: Sie haben sie »verdrängt«, aber sie kennen sie aus ihrer eigenen Geschichte, als Kirche und Staat noch nicht so deutlich getrennt waren wie heute und Kaiser und Papst übereinander abwechselnd »Acht« und »Bann« verhängten.

Im Islam ist die **Theokratie** (= Gottesherrschaft) noch weithin Bestandteil des religiösen Selbstverständnisses. Die Absicht der kämpferischen Vereinnahmung der ganzen Welt für den eigenen Glauben ist im vergangenen Jh. unter manchen Muslimen neu erwacht und zu Beginn des neuen Jh. wieder von neuem aktuell, ja mit dem 11. September 2001, durch die Zerstörung des World Trade Centers in New York durch islamistische Terrorkommandos und durch muslimische Neugruppierungen äußerst brisant geworden.

Freilich darf man nicht dem Fehler der Pauschalierung verfallen, sondern muss genau zusehen, wer was in welchem Zusammenhang sagt und glaubt.

So nennt der in Deutschland lebende Mitbegründer der »Arabischen Organisation für Menschenrechte«, **Bassam Tibi** (geb. 1944), drei Hauptströmungen des gegenwärtigen Islam, die sich grundsätzlich voneinander unterscheiden: den *Volks-Islam*, den *Scharīa-Islam* und den *Reform-Islam*. Während der Volks-Islam nicht dogmatisch-schriftgläubig ist und bestimmte Freiheiten einräumt, allerdings auch gewisse Volkssitten verbreitet, die menschenrechtswidrig sind – z. B. die Beschneidung von Frauen –, steht der *Scharīa-Islam* ganz eindeutig im Widerspruch zur neuzeitlichen Deklaration der Menschenrechte, weil er eine radikale Rechtsordnung (= Scharīa) aus einer längst vergangenen Zeit perpetuiert und in fundamentalistischer Weise verabsolutiert. *Reform-Muslime* hingegen versuchen durch eine offene bzw. flexible Deutung der islamischen Religionsgesetze und des Koran die Menschenrechte im Sinne der UN-Deklaration zu definieren und dadurch eine Integration der Muslime in die moderne Gesellschaft zu ermöglichen.

Bassam Tibi weist auch darauf hin, dass das Wort *Scharīa* (= Gesetze, die das islamische Leben regeln) nur ein einziges Mal im Koran vorkommt. Aber zur Autorisierung der sehr einschneidenden traditionellen Vorschriften beruft man sich ständig auf den Koran und autorisiert die Scharīa auf diese Weise als »göttliche Offenbarung«, obwohl sie als Rechtssystem erst ein volles Jh. nach Abschluss der islamischen Offenbarungen fixiert worden ist und bis heute zahlreiche und auch sehr unterschiedliche Ausfaltungen erlebt hat.

Christen kommt diese Handhabung des Offenbarungsbegriffs zur Stützung gesellschaftspolitischer oder theologischer Absichten sehr bekannt vor, da man auch in den christlichen Gesellschaften gerne politische Entscheidungen oder Verordnungen durch den Hinweis auf Offenbarung (»Gott will es«) autorisiert hat.

Für die gegenwärtig etwa 16 Millionen Muslime, die in Europa als Migranten leben, ist es natürlich existenziell wichtig, dies mit den Verfassungen der jeweiligen Gastländer und mit den modernen Menschenrechtsdeklarationen in Einklang zu bringen. Nur so kann es gelingen, aus dem muslimischen Ghetto auszubrechen und zum Beispiel einen *Euro-Islam* zu begründen, der den Behauptungen, dass der Islam aus seinem Wesen heraus radikal sei, das Fundament entzieht. Ob man sich damit aber im Gesamt des Islam als authentische Gruppierung behaupten kann und soll, wird erst die Zukunft erweisen.

Das sehr komplexe Gebilde des Islam, der uns heute als dritte monotheistische Weltreligion neben dem Judentum und dem Christentum mit einer fast 1.400-jährigen Geschichte vor Augen steht, ist die jüngste der großen Weltreligionen – nach eigenem Selbstverständnis aber die neueste, älteste und universalste Religion zugleich. Hans Küng fasst diese Sicht so zusammen:

*Warum hat diese Religion so verschiedene Menschen wie nomadische Berber, schwarze Ostafrikaner, nahöstliche Araber, aber auch Türken, Perser, Pakistani, Inder, Chinesen und Malaien zu einer großen religiösen Familie zusammenbringen können? Für die Muslime ist der Islam die neueste und deshalb auch die beste Religion. Juden und Christen hatten zwar vorher schon Gottes Offenbarung erhalten, aber dann leider verfälscht. Erst der Islam stellte sie unverfälscht wieder her. Deshalb ist er für die Muslime auch die **älteste** und **universalste** Religion. Denn schon Adam, der erste Mensch, ist ein Muslim gewesen. Warum? Weil schon Adam »islam« praktizierte, was wörtlich heißt: »Unterwerfung, Unterordnung, Ergebung« in Gottes Willen im Leben und Sterben.*

Diese paradoxe Ansicht bedarf natürlich einer näheren Analyse, deshalb fragen wir dorthin zurück, wo die Geschichte des Islam begonnen hat, nämlich im späten 6. Jh. im Westen der Arabischen Halbinsel.

MUHAMMAD UND DIE ENTSTEHUNG DES ISLAM

Die Heimat des **Islam** ist die zwischen Asien und Afrika gelegene, etwa drei Millionen qkm große Landmasse der Arabischen Halbinsel, die bis auf wenige fruchtbare Oasen überwiegend Steppen- und Wüstencharakter aufweist. Die einzige fruchtbare Gegend ist die Südwestecke, im heutigen *Jemen* (in der Antike deshalb auch »Arabia Felix« glückliches Arabien genannt), wo unter dem Einfluss der Monsunwinde eine vielseitige und ertragreiche Landwirtschaft möglich ist. Hier lebte beispielsweise die sagenhafte Königin von Saba, und von hier aus wurde der aus dem benachbarten Hadramaut (heute: *Südjemen* und Südoman) bezogene Weihrauch zusammen mit aus Indien stammenden Gewürzen in alle Welt gebracht.

In der westlichen Küstenlandschaft am Roten Meer gab es deshalb eine uralte, durch 2.000 km Wüste und Steppe führende Karawanenstraße, die den Jemen mit den Ländern am Mittelmeer verband.

Dort liegt die Stadt **Mekka,** wo um 570 n. Chr. **Muhammad Ibn Abdallah** geboren wurde. Er gehörte zur Familie der *Haschim* im Stamme der *Quraisch,* der damals Mekka beherrschte, den Handel vor allem mit Syrien und dem Jemen betrieb und zugleich die regen Handelsbeziehungen vieler arabischer Stämme in Mekka und Umgebung kontrollierte.

Die Kaaba – ein uraltes Heiligtum

Mekka war keine Oase wie Jathrib (das spätere Medina), sondern ein Kreuzungspunkt der Nord-Süd-Handelsstraße mit einer Südwest-Nordost-Wüstenroute, die zum persischen Golf führte. Ein bedeutender Handelsplatz war die Stadt vor allem wegen des uralten Heiligtums *(haram),* der würfelförmigen **Kaaba,** zu dem Araber aus allen Teilen der Halbinsel zu wallfahen pflegten. Vier Monate im Jahr waren der Wallfahrt wegen auf dem heiligen Gelände alle Kampfhandlungen untersagt, so dass sich nicht nur die religiöse Verehrung, sondern auch die Handelsgeschäfte auf diese sichere Zeit konzentrierten.

In der östlichen Kante des 15 Meter hohen, aus roh behauenen vulkanischen Steinen gemauerten und mit schwarzem Stoff *(Kiswar)* überzogenen »Tempels« ist ein schwarzer Meteorit-Stein *(Al-Hadschar)* in einer silbernen Fassung eingemauert, der den frommen Pilgern bis heute als Fragment des ursprünglich von Abraham, seiner Magd Hagar und ihres gemeinsamen Sohns **Ismael** erbauten Heiligtums gilt.

Als der Herr den Abraham durch mancherlei Gebote auf die Probe gestellt hatte und dieser sich als treuer Diener bewährte, da sagte er: »Ich setze dich als Hohenpriester für die Menschen ein.« Abraham fragte: »Und meine Nachkommen?« Gott antwortete: »Die sündigen Frevler umfasst mein Bündnis nicht«. Und als ich für die Menschen ein Versammlungshaus (die Kaaba) errichtete – auch als Zufluchtsstätte – und sagte: »Haltet die Stätte Abrahams als Bethaus!«, da schlossen wir einen Bund mit Abraham und Ismael, dass sie dieses Haus von Götzendienst rein halten, für die sowohl, welche erst dasselbe siebenmal umschreiten, wie für jene, die dann darin weilen und sich im Gebet niederwerfen.

Und Abraham sprach: »Mein Herr, mache diesen Ort zur Friedensstätte und nähre seine Bewohner, die an Allah und das Jüngste Gericht glauben, mit seinen Früchten!« Da antwortete Allah: »Auch die, welche nicht glauben, will ich speisen, aber nur eine Weile, sie aber dann ins Höllenfeuer verstoßen. Ein harter Weg wird das sein!« Als Abraham und Ismael den Grund zu diesem Haus legten, da flehten sie: »Herr, nimm es gnädig von uns an; denn du hörst alles und bist der Allwissende! O Herr, mache uns zu dir ergebenen Moslems und unsere Nachkommen zu einem dir ergebenen Volk. Lehre uns unsere frommen Gebräuche zu deiner Verehrung! Wende dich gnädig an uns: denn du bist der versöhnlich Verzeihende, der Barmherzige! Herr, lass einen Gesandten aus ihrer Mitte kommen, der ihnen deinen Willen verkündet und sie die Schrift und das Bekenntnis lehrt und sie gläubig macht.« (Sure 2,125–130)

Die Verehrung dieses uralten Kraftsteins geht der legendenhaften Überlieferung zufolge sogar bis auf Adam zurück, denn es soll sich um jenen Stein handeln, den Adam von Gott als Zeichen der auch nach der Vertreibung aus dem Paradies fortwährenden göttlichen Gnade erhielt. Eine andere Überlieferung sagt ergänzend, dass der schwarze Stein ursprünglich, als Gott ihn in die Hände des Abraham legte, ein derart grelles Weiß ausstrahlte, dass er von jedem Ort der Erde aus zu sehen war. Im Laufe der Jahre und Jahrhunderte verfärbte er sich dann aber schwarz und immer schwärzer, da er alle Sünden der Gläubigen, die ihn berührt und geküsst hatten, aufnahm und diese dadurch von den Lasten ihrer Schuld befreite.

Zur Zeit des jungen Muhammad waren rund um die Kaaba mehr als 360 Idole aufgerichtet, die vielleicht auch astrale Bedeutung hatten, aber vorrangig Götterbilder bzw. Wappen aller auf der Arabischen Halbinsel lebenden Stämme darstellten und die Bindung der Beduinen an dieses uralte Heiligtum symbolisierten und stärkten. Hier gab es auch ein Bild von *al-Uzza* (= die Mächtige), und *al-Manat* (= Schicksal) und von der Muttergöttin *al-Lat*. Das Standbild des arabischen Naturgottes **Hubal**, der im Rahmen des beduinischen Polydämonismus (= Geisterglauben) als Stadtgott Mekkas verehrt wurde, bestand aus Karneol oder rotem Turmalin und soll ursprünglich das Wappen des Stammes der Chusa gewesen sein, die von den Quraisch im 5. Jh. verdrängt worden waren. Unter den Götterbildern gab es auch eines für Allah, den einige schon als den »großen Gott« verehrten, der über den meisten anderen Gottheiten stand.

Die vorislamische Geschichte der arabischen Religion ist aber insgesamt noch sehr wenig erforscht, deshalb ist auch der Zusammenhang der Kaaba mit dem uralten und weit verbreiteten Megalith- (= Großstein) Kult zwar augenscheinlich, aber wissenschaftlich nicht abgesichert.

Vermittelt durch den Kontakt mit jüdischen und christlichen Händlern, aber auch durch indoiranische Einflüsse (im Zuge des schon erwähnten Handels mit Indien und Persien), hatte sich also zu Beginn des 7. Jh. n. Chr. in Südwestarabien im Schoße des arabischen Polydämonismus ein Hochgottglauben entwickelt, in dessen Mittelpunkt **Allah** (wörtlich: **der Gott**) stand.

Die Berufung zum Propheten

Und dort setzte offensichtlich der »unnachgiebige Monotheismus« (Raffaele Russo) des Mekkaners Muhammad an, als er verkündete und vehement bezeugte, dass er Offenbarungen erhalte, die von Allah stammten:

Im Namen Allahs, des Allbarmherzigen. Wir haben den Koran in der Nacht Al-Kadr offenbart. Was lehrt dich begreifen, was die Nacht Al-Kadr ist? Die Nacht Al-Kadr ist weit besser als tausend Monate. In ihr stiegen die Engel und der Geist (Engel Gabriel), mit Erlaubnis ihres Herrn, mit den Anordnungen Allahs über alle Dinge herab. Friede und Heil bringt diese Nacht bis zum Erglühen der Morgenröte. (Sure 97)

Muhammad war der Sohn des *Abdallah* und der *Amina*. Sein Großvater *Abd al-Muttalib* war der Anführer der Sippe der Haschim (davon »Haschimiten« = Verwandte Muhammads). Er hatte die für das wasserarme Mekka ungemein wichtige Quelle von *Samsam* gefunden, gegraben und nutzbar gemacht und war damit betraut worden, die Pilger mit Nahrung und Wasser zu versorgen. Muhammads Vater starb knapp nach seiner Geburt auf einer Handelsreise in Gaza und seine Mutter, als er sechs Jahre alt war. So wuchs er bei seinem Onkel *Abu Talib* auf, der nach dem Tode Abd al-Muttalibs zum Anführer der Haschim gewählt wurde und sich auf den Handel mit Syrien konzentrierte.

Sein Onkel nahm den jungen Muhammad bald auf seine Handelsreisen mit, wo er wahrscheinlich auch in Kontakt mit christlichen Mönchen kam. Er verfügte aber über kein nennenswertes materielles Erbe, weshalb ihm sein Onkel die Heirat mit seiner Tochter *Umm Hain* verweigerte. Unter den Gleichaltrigen hatte Muhammad jedoch, wie sein Spitzname *Al-Amin* (= der Vertrauenswürdige) erkennen lässt, einen guten Ruf. Und dem hatte er es wohl auch zu verdanken, dass ihn die reiche Witwe **Chadidscha bint Chuwailid** aus der Sippe der *Assad* als ihren Verwalter engagierte und bald darauf heiratete.

In den 13 Jahren ihrer glücklichen Ehe gebar ihm Chadidscha sieben Kinder. Doch nur vier Töchter wuchsen heran, seine drei Söhne starben bereits im Säuglingsalter. Wie es heißt, hatte Muhammad in dieser Zeit »keine Nebenfrauen« – was in der damaligen arabischen Gesellschaft eher unüblich war.

Doch Muhammad war auch sonst nicht wie die anderen. So verbrachte der vorher regelmäßig in Geschäften nach Syrien reisende Muhammad ab einem Alter von etwa 40 Jahren immer mehr Zeit in der Einsamkeit der Wüste mit Meditation. In der Art der syrischen Mönche – aber auch der arabischen Wahrsager *(Kahin)* seiner Zeit – zog er sich aus dem Alltag zurück, am liebsten in eine Höhle am Berg von Hira, einige Kilometer von Mekka entfernt, widmete sich religiösen Übungen und hatte mystisch-religiöse Erlebnisse. Über seine inneren Erfahrungen und Offenbarungen in Form von Visionen und Auditionen berichtet der folgende Hadith-(= Traditions-)Text aus der Sammlung des **al-Buchari** (gest. 870):

Die erste Offenbarung, die der Prophet erhielt, begann mit guten Traumgesichten im Schlaf; jeder Traum, den er sah, pflegte ihm so deutlich wie der Anbruch des Morgens zu kommen. Dann empfand er Liebe zur Einsamkeit und pflegte sich in die Höhle des Berges Hira zurückzuziehen ... Da kam der Engel zu ihm und sagte: »Rezitiere!« – Er aber antwortete: »Ich kann nicht rezitieren!«

Er berichtete: Da ergriff er mich und presste mich, bis ich es nicht mehr aushalten konnte. Da ließ er mich los und sagte: »Rezitiere!« – Aber ich antwortete: »Ich kann nicht rezitieren!« Da ergriff er mich und presste mich ein zweites Mal ... Als er mich ein drittes Mal gepresst hatte, ließ er mich los und sagte: »Rezitiere im Namen deines Herrn, der den Menschen aus einem Blutklümpchen erschaffen hat, denn dein Herr ist der Allgütige!«

Da kehrte der Prophet damit zurück, während sein Herz zitterte, trat bei Chadidscha, der Tochter des Chuwailid, ein und sagte: »Wickelt mich ein! Wickelt mich ein!« – Und man wickelte ihn ein, bis ihn die Furcht verlassen hatte. Das erzählte er der Chadidscha und teilte ihr das Erlebnis mit: »Ich fürchtete für mein Leben!«

Da erwiderte Chadidscha: »Nein, bei Allah, nie wird Allah dich in Schande kommen lassen; du pflegst die Verwandtschaftsbande, unterhältst die Abhängigen, spendest den Armen, nimmst die Gäste auf und hilfst bei den Unglücksfällen« ...

Und Chadidscha nahm ihn mit und brachte ihn zu Waraqa ibn Naifal ibn Asad Abdaluzza, zu einem Vetter, der in der Heidenzeit Christ geworden war und hebräisch schreiben konnte ... er war hochbetagt und blind ... Da erzählte ihm der Prophet, was er erlebt hatte. – Da antwortete ihm Waraqa: »Das ist der Namus (= Gesetzesengel), den Allah zu Mose hat hinabsteigen lassen; o wäre ich doch ein junger Mann, o wäre ich doch am Leben, wenn dein Volk dich vertreibt! Denn niemand hat jemals dasselbe wie du gebracht, ohne dass er Feindschaft erfuhr. Wenn ich deinen Tag erlebe, werde ich dir kräftig helfen.«

Der Glaube, dass Gott sich offenbart und seinen Willen durch einen Engel so übermittelt, dass der Mund des Propheten Gottes Worte spricht (das bedeutet »rezitieren« im zitierten Text) steht im Mittelpunkt der gesamten iranisch-semitischen Überlieferung und des Glaubensbewusstseins der Menschen im Vorderen Orient. Er ermöglichte es Muhammad – und denen, die davon erfuhren –, seine Visionen und Auditionen nicht als Träume, Halluzinationen oder Produktionen seines Unterbewusstseins zu sehen, sondern als **Offenbarungen Gottes** zu deuten und anzunehmen. Daraus entstanden die beiden Begriffe **Islam** (*= Unterwerfung unter den Willen Gottes*) und **Muslime** (*= jene, die sich Gott hingeben*).

Natürlich war es für Muhammad trotzdem nicht leicht, einerseits selbst an seine göttliche Führung zu glauben und seine Angst vor Irrtum zu überwinden, dass er von bösen Dämonen *(dschinn)* genarrt werde, andererseits in seiner näheren Umgebung Anerkennung und Vertrauen zu finden und als glaubwürdiger Prophet akzeptiert zu werden. Denn die Offenbarungen Gottes in der jüdischen, indoiranischen und christlichen Überlieferung lagen seit langem gewissermaßen »schwarz auf weiß« vor, und auch die in Mekka und Umgebung lebenden Juden oder Christen waren es nicht mehr gewöhnt, auf zeitgenössische Propheten zu hören und durch solche Werkzeuge aktuelle Botschaften Gottes und seiner Engel zu empfangen.

Umso wichtiger waren »Zeugen« wie der im vorigen Text genannte Waraqa, der die Offenbarungen kannte, daher Vergleiche anstellen konnte, Muhammad prüfte und sein Prophetentum für echt befand. Denn die Araber hatten in ihrer religiösen Tradition kaum vergleichbare Glaubenserfahrungen; ihre Religion war eher vordergründig exoterisch – obwohl esoterische Elemente (vgl. die vorhin genannten Wahrsager = Kahin) auch in der arabischen Tradition nicht ganz fehlten.

Bald war Muhammad trotz aller Anfechtungen selbstbewusst geworden, musste aber offensichtlich doch zeitlebens um die Anerkennung des göttlichen Ursprungs seiner Offenbarungen kämpfen – was viele Koranstellen beweisen. Als ein Beispiel möge folgender Auszug aus der 42. Sure dienen:

Muhammad kommt mit Gabriel in Kontakt

Nie war es einem Menschen vergönnt, dass Allah zu ihm sprach; außer nur durch ein Gesicht oder hinter Schleiern (aus dem Verborgenen), oder er sendet einen Boten, dass er mit seiner Erlaubnis anzeige, was er will; denn er ist hoch erhaben und allweise. So schickten wir auch dir einen Geist (den Engel Gabriel) mit einer Offenbarung nach unserem Befehl. Vorher wusstest du nichts von der Schrift und vom Glauben, welchen wir als ein Licht entzündeten, mit welchem wir diejenigen unserer Diener, die uns gefallen, leiten wollen. Auch du sollst sie auf den richtigen Weg leiten, auf den Weg Allahs, dem alles gehört, was in Himmeln und auf Erden ist. So ist es. Und kehren nicht alle Dinge einst zu Allah zurück?

Die ersten Muslime waren Angehörige seines Hauses, wie seine Frau *Chadidscha*, sein junger Cousin *Ali ibn Ali Talib*, der vierte Kalif und Begründer der Schiiten, und der Freigelassene *Zaid ibn Thabit* aus dem christlichen Stamm der Kalb, den er als Adoptivsohn angenommen hatte und der ihm als Sekretär diente. Oder Freunde und Verwandte wie sein späterer Stellvertreter und erster Nachfolger *Abu Bakr* oder *Umar ibn al-Hattab*, der spätere zweite Kalif und Eroberer Syriens, Palästinas und Ägyptens, oder wie *Uthmān ibn Affan*, der dritte Kalif und spätere »Herausgeber« des Koran – sowie Menschen aus niedrigeren gesellschaftlichen Schichten.

Der Auszug aus Mekka (Hidschra)

Was Waraqa vorausgesagt hatte, traf in vollem Umfang ein: Als Muhammad begann, öffentlich zu predigen, zu beten und seine Offenbarungen zu verkünden, wurde er zehn Jahre lang ignoriert, verspottet, ausgelacht, verleumdet und bekämpft, und man tat alles, um ihm seine prophetische Sendung zu verleiden, weil sie die Privilegien der Quraischiten gefährdete und sie in den Augen seiner Anhänger als Götzendiener entlarvte.

Doch Muhammad war von seiner Sendung felsenfest überzeugt, und die universelle Bedeutung seiner Botschaften ging bald immer mehr Menschen auf – doch vorläufig (noch) nicht der führenden Gesellschaftsschicht in Mekka.

Ein authentisches Zeugnis aus dieser schwierigen Zeit stammt von *Amr ibn al-As* und ist in einer alten arabischen Handschrift überliefert:

Ich war einmal Zeuge, wie sich die Vornehmsten der Götzendiener bei der Kaaba versammelten. Sie sprachen von Allahs Apostel und sagten: Nie haben wir von jemandem erdulden müssen, was wir von diesem Mann erduldet haben. Er schmäht unsere Väter, tadelt unsere Religion, zersplittert unser Volk und lästert unsere Götter …

Unterdessen war der Apostel Allahs gegangen. Er berührte die Ecke der Kaaba und ging an den Versammelten vorbei, um das Heiligtum zu umschreiten. Sie riefen ihm Schmährufe zu, und man sah seinem Gesicht an, dass er verstand, was sie sagten. Dreimal wiederholte sich dies. Dann blieb er stehen und sagte: »Männer der Quraish! Dies werde ich euch sicher mit Zinsen heimzahlen!«

Seine Worte ergriffen die Männer so, dass es keinen unter ihnen gab, der nicht so still dasaß, als trüge er einen Vogel auf dem Kopfe. Endlich sagte derjenige unter ihnen, der vorher am schlimmsten gewesen war: »Geh, Abu-l-Kasim, du bist ein Narr« – Am nächsten Tag stürzten sie vereint gegen Muhammad, umringten ihn und sagten: »Bist du es, der so spricht, der unsere Götter und unsere Religion schmähte?« – Er antwortete: »Ja, ich bin es, der so spricht.«

Da sah ich, dass ihn ein Mann am Mantel ergriff. Jetzt stand Abu Bakr auf und sagte unter Tränen: »Wehe euch, wollt ihr einen Mann töten, weil er sagt: Allah ist mein Herr?« – Da gingen sie ihres Weges.

Im Jahr 619 erlitten Muhammad und die junge Muslimen-Gemeinde durch den Tod seiner Frau Chadidscha und seines Onkels Abu Talib zwei schwere Verluste. Wie sehr ihn der Tod Chadidschas traf, zeigt vielleicht am besten, dass er sich in seinen noch verbleibenden 13 Lebensjahren mit mindestens sieben – manche Quellen sprechen von elf, möglicherweise sogar 14 – Frauen vermählte. Die meisten dieser Eheschlüsse kamen freilich aus politischen Gründen zustande, um einzelne Stämme und Sippen an sich zu binden. Die Favoritin unter diesen Frauen war **Aischa,** die Tochter des Abu Bakr.

Der Tod Abu Talibs bedeutete den Verlust seines wichtigsten Fürsprechers, denn dessen Nachfolger in der Führung des Haschimiten-Clans, *Abu Lahab,* hatte sich ihm nicht nur nicht angeschlossen, sondern er entzog Muhammad und dessen Anhängern sogar alle Stammesrechte. Vorher hatten die Haschim unter der Führung Abu Talibs noch dem gefährlichen Boykott des reichen und mächtigen Abu Dschahl aus dem Clan der Umaya getrotzt, der Muhammad aus religiösen und wirtschaftspolitischen Gründen bekämpfte und ihn durch einen dreijährigen Boykott isolieren wollte. Jetzt fehlte dieser Rückhalt der Großfamilie, und Muhammad wurde sogar tätlich angegriffen und misshandelt. Er erwies sich dabei als standhaft, aber der Bruch mit seiner unmittelbaren Heimat war unvermeidlich geworden.

Die Sure 109 zeigt das – allerdings ins Grundsätzliche erhoben:

Im Namen Allahs, des Allbarmherzigen. Sprich: »O Ungläubige, ich verehre nicht das, was ihr verehrt, und ihr verehrt nicht das, was ich verehre, und ich werde auch nie das verehren, was ihr verehrt, und ihr wollt nie das verehren, was ich verehre. Ihr habt eure Religion, und ich habe meine.«

In dieser Zeit machte Muhammad eine seiner wichtigsten mystischen Erfahrungen: Auf einer nächtlichen »mystischen Reise« *(Al-Isra)* – auf der geflügelten Stute *Al-Burāq* reitend – besuchte Muhammad Jerusalem, und auf einer anschließenden »Himmelsreise« *(Miradsch)* durchschritt er, geführt von Erzengel Gabriel, die sieben Himmel der Schöpfung. Er konnte Blicke in die Hölle und ins Paradies werfen, begegnete einigen der Propheten und sprach mit ihnen – und hatte schließlich sogar im siebten Himmel inmitten einer »Lichtwolke« (die in späterer Zeit eindrucksvoll dargestellt wurde) eine Begegnung mit Allah selbst, der ihn seinen »Freund« nannte und ihm Dinge anvertraute, die er den Gläubigen nicht mitteilen durfte, sondern als Geheimnisse zu behandeln hatte.

Ob es sich dabei um eine »Astralreise« im Zustand der Eksomatose (= außerhalb des Körpers) oder um eine Serie eindrucksvoller Visionen handelte, ist heute schwer auszumachen.

Als »Nachtreise« wird sie in einigen Handschriften angesprochen; gewöhnlich heißt die Sure 17 *Bani-Israil* (nach den Anfangsbuchstaben = die Kinder Israels); erst in den Hadith (= spätere Überlieferung) wird sie ausführlich beschrieben.

Himmelfahrt Muhammads

Diese Reise hat viele Vorbilder (Mose, Daniel, Henoch oder Mani) und Parallelen, denn »Himmelsreisen« finden sich sowohl bei den orthodoxen Juden wie in der jüdischen Apokalyptik, bei den Gnostikern wie bei den Mandäern. Und nicht zuletzt auch in der »Divina Comedia« des Dante Alighieri.

Als die Situation in Mekka unhaltbar wurde, nahm Muhammad Kontakt mit den Bewohnern der beiden Oasenstädte Taif und Jathrib und den dort lebenden Beduinenstämmen auf, um bei ihnen Aufnahme, Glaubensgefolgschaft und Unterstützung in seinem religiösen Kampf gegen die Götzendiener in Mekka zu finden.

Im östlich von Mekka in den Bergen gelegenen Taif, wo reiche Mekkaner ihre Sommersitze hatten und wo der Stamm der von den Quraisch abhängigen *Thakif* lebte, hatte er keinen Erfolg, wohl aber in Jathrib, dem Geburtsort der Mutter seines Vaters, etwa 250 km nordwestlich an der Karawanenstraße nach Syrien gelegen. Dort hatte gerade ein lange andauernder Stammeskrieg die Menschen entzweit, und sie sahen in Muhammad einen überparteiischen Schiedsrichter, der ihren üblen Streit beenden könnte – außerdem hatten sich einige maßgebliche Männer der *Chasradsch,* eines der dominierenden Stämme in Jathrib, bereits mit den Offenbarungen Muhammads auseinandergesetzt und sahen im Juni 622 bei ihrer Pilgerfahrt zur Kaaba in ihm den Propheten Gottes, dessen Botschaft sich an alle Araber richtete und allein imstande war, die zahlreichen, untereinander verfeindeten Stämme Arabiens zu vereinen.

In kleinen Gruppen entschlossen sich daraufhin die Anhänger Muhammads zur Emigration und brachen nacheinander zur etwa 9-tägigen Reise nach Jathrib auf. Als letzter verließ Muhammad mit seinem Schwiegervater Abu Bakr die alte Heimat, und sie erreichten am 24. Juli 622 ihre neue, die bald *Madinat an-Nabi* (= Stadt des Propheten) oder kurz *al-Madina* = **Medina** genannt wurde.

Diese Auswanderung der Muslime ging als **Hidschra** nicht zuletzt deswegen in die Geschichte ein, weil man wenig später mit diesem Datum (15./16. Juli 622) die bis heute gültige islamische Zeitrechnung beginnen ließ.

DIE MUSLIMISCHE GEMEINDE EINT DIE ARABISCHE HALBINSEL

Muhammad fand in Medina ganz andere Möglichkeiten und Aufgaben als in Mekka vor: Den Schwerpunkt seiner Tätigkeit bildeten jetzt nicht mehr zuerst der Empfang und die Weitergabe von Offenbarungen und die Abwehr von Angriffen seiner Gegner, sondern er war das anerkannte Oberhaupt der *Muhadschirun* (= Auswanderer) und sehr bald der Schiedsrichter in den Auseinandersetzungen der verschiedenen Stämme, die im Einzugsbereich der Oase von Jathrib lebten.

Unter ihnen waren auch viele Juden, die sich gegenüber den Arabern auf ein gewisses »literarisches Prestige« beriefen, das ihnen der Ta´nach (= Hebräische Bibel) und vor allem die Tora (= Weisung; die 5 Bücher Moses) gaben. Und Muhammad wusste genau, dass er in dieser großen Offenbarungstradition der Bibel stand – nicht zuletzt wohl auch durch seinen »Namus« (Führerengel) Gabriel, der ja auch in der biblischen Offenbarung eine wichtige Funktion inne hatte.

Kontakte mit Juden und Christen

Anfangs bemühte sich Muhammad sehr um die Juden und präsentierte sich ihnen als das »Siegel« ihrer Propheten. Als Zeichen seiner Wertschätzung übernahm er von ihnen z. B. bei den täglichen Gebeten die Ausrichtung *(qibla)* nach Jerusalem und wollte den Juden gestatten, ihre rituellen Traditionen zu wahren, wenn sie ihn als Propheten anerkennen und sich in die neue Gemeinschaft eingliedern lassen würden. Aus dieser Zeit stammt z. B. die Aussage in Sure 5, Vers 20:

O ihr Schriftbesitzer, nun ist unser Gesandter zu euch gekommen, euch aufzuklären über die Zwischenzeit zwischen dem Erscheinen der Propheten, damit ihr nicht sagt: »Zu uns kommt weder ein Freudenbote noch ein Warner.« Nun aber ist ein Verkünder guter Botschaft und Ermahner zu euch gekommen, und Allah ist allmächtig.

Doch die Juden enttäuschten diese Erwartungen, sie zeigten

sich zunehmend feindselig, deckten vermeintliche Irrtümer in seinen Offenbarungen auf und bewiesen ihm, dass er den jüdischen *Tánach* nicht oder nur teilweise kannte. Dies zerstörte sehr schnell die Ansätze von Toleranz, die Muhammad – wohl eher nur aus taktischen Gründen – den Juden als »Schriftbesitzern« gegenüber an den Tag legte, und führte zu der folgenden Beurteilung der Juden und Christen in Sure 5,13–15, die auch den Aussagen an anderen Stellen des Koran entsprechen:

Allah hatte früher ein Bündnis mit den Kindern Israels geschlossen und unter ihnen zwölf Fürsten auserwählt. Und Allah sprach:«Ich werde mit euch sein, wenn ihr das Gebet verrichtet und Almosen gebt und meinen Gesandten glaubt und sie unterstützt ... Dann will ich euch eure Sünden verzeihen und euch in wasserreiche Gärten bringen. Wer aber von euch darauf im Unglauben verharrt, der irrt vom rechten Weg ab.« – Weil diese nun ihr Bündnis gebrochen haben, deshalb haben wir sie verflucht und ihr Herz verstockt, so dass sie Worte von ihrer Stelle gerückt und einen Teil dessen, woran sie gemahnt worden waren, vergessen haben. Du aber lass nicht nach, ihre Betrügereien aufzudecken ... Auch mit denen, welche sagen:«Wir sind Christen«, hatten wir einen Bund geschlossen; aber auch sie haben einen Teil dessen vergessen, wozu sie ermahnt worden waren. Darum haben wir Feindschaft und Hass unter ihnen bis zum Auferstehungstag erregt, dann wird ihnen gezeigt werden, was sie getan haben.

Hier wird ganz deutlich, dass Muhammad in seinen Offenbarungen zwar einerseits die Äußerungen des einen Gottes (den er Allah nennt, die Juden Jahwe, Elohim oder Herr und die Christen Vater oder Gott) sieht und anerkennt, dass er aber andererseits auch die Schwächen und Verfehlungen der Juden und Christen kennt und durchschaut. Er sieht sich als der »letzte Prophet«, der zu allen Ungläubigen geschickt ist – zu den Götzendienern, aber auch zu den Juden und Christen; also zu allen Menschen insgesamt –, um sie zum Glauben und zur Hingabe an Gott zu führen und zur Reue und Bekehrung aufzurufen. Diese universelle Sendung hat sich schon in den ersten Offenbarungen in der Höhle des Berges Hira und in Mekka abgezeichnet, obwohl er wohl erst allmählich die Trag- und Reichweite seiner Berufung erfasst hat.

Der Prophet empfing also auch in Medina Offenbarungen, doch sie unterscheiden sich mehr oder minder deutlich von den früheren; sowohl sprachlich als auch inhaltlich, weil sie sich meist auf die *umma* (= Gemeinde der Gläubigen; später auch im Sinne von Nation verwendet) beziehen.

Inhaltlich stand Allah als der *alleinige, einzige und ewige Gott, der nicht zeugt und nicht gezeugt ist und dem kein Wesen gleich ist* (112. Sure, 2–5) im Mittelpunkt der Offenbarungen in Mekka. Es geht um das bevorstehende Gericht und die Vorbereitung der Menschen, um vor Gott bestehen zu können. Der bekannte Religionswissenschafter Mircea Eliade fasste dies so zusammen: »Die theologische Struktur des Islam war in dem Moment, als der Prophet Mekka verließ, festgeschrieben.«

Der größte Teil der 114 Suren des Koran geht wohl auf Offenbarungen in Mekka zurück, wahrscheinlich insgesamt 95. Die 19 vermutlich in Medina entstandenen Suren gehören aber zu den umfangreichsten. In diesen Offenbarungen gibt es ausführliche neue Regeln für das Beten und Fasten, für Almosen und Wallfahrten und das Zusammenleben der Menschen – und sie galten für alle Gläubigen ohne Unterschied, für die Emigranten ebenso wie für die Ansässigen.

Das »Volk« der Muslime

Sehr bald führte dies dazu, dass die Stammesprivilegien in den Hintergrund traten und ihre bisherige Bedeutung verloren.

Schon 623 gab Muhammad der von ihm theokratisch geführten Gemeinschaft der Muslime in einer **Verfassung** den Charakter eines neuen **Volkes,** das alle Muslime umfassen sollte – ohne Rücksicht darauf, welchem Volk, welcher Religion oder welcher Rasse sie vorher zugehörten – und das sie von den Ungläubigen unterschied. So sind die in den ersten Jahren nach der Hidschra entstandenen Offenbarungen die Quellen der neuen Gesetze und auch ein geistiger Kommentar zu den aktuellen Ereignissen.

Muhammad zeichnete ein großes Führungstalent und Klugheit aus – nicht nur in religiösen Belangen. Als er in Medina ankam, überließ er die Wahl, wo er künftig wohnen sollte, Allah, indem er seinem Kamel freien Lauf ließ. Anstatt die Gastfreundschaft einer bestimmten Sippe in Anspruch zu nehmen und die anderen dadurch zu brüskieren, schuf er sich dort eine Wohnung, wo sich sein Kamel niederließ. Seine Anhänger halfen ihm beim Bau einfacher, flach gedeckter Gebäude, die einen Innenhof umgaben und von einer Mauer aus sonnengetrockneten Lehmziegeln umgeben waren. So war er von Anfang an unabhängig und niemandem verpflichtet. Die gesamte Gemeinde kam zu den *drei* Gebetszeiten (erst später wurden *fünf* vorgeschrieben) im Innenhof zusammen, er empfing in seinem Haus die Bittsteller und Besucher und organisierte die militärischen Einsätze und die Regierung der Gemeinschaft. Unter dem Boden des Raumes, den seine Lieblingsfrau *Aischa* bewohnte, wurde er dann auch – zehn Jahre nach seiner Ankunft in Medina – begraben.

Auseinandersetzungen mit den Mekkanern

Das größte Problem der Umma in der ersten Zeit nach der Hidschra bestand darin, dass sie kaum Mittel hatten, ihren Lebensunterhalt zu bestreiten. Sie konnten auf die Dauer nicht von der Gastfreundschaft und Mildtätigkeit der »Helfer« *(Ansar)* leben und hatten bei ihrem Auszug aus Mekka zu wenig Vieh, Hausrat und Kleidung mitnehmen können. So halfen sie sich damit, dass sie Handelskarawanen, die von Mekka kamen oder dorthin unterwegs waren, überfielen. Die moralische Rechtfertigung fanden sie darin, dass die Quraisch, welche die Schuld an ihrem Auszug trugen, den Handel in Mekka kontrollierten und sie sich auf diese Weise ihren Teil eben selbst holten.

Als sie damit Erfolg hatten, ließen die mekkanischen Kaufleute die Karawanen von vielen Bewaffneten begleiten. So kam es zu Kämpfen und schließlich im März 624 zur Schlacht von Badr, bei der etwa tausend Krieger der Mekkaner unter Abu Dschahl von 300 muslimischen Kämpfern unter der Führung Muhammads besiegt wurden. Dabei wurde reiche Beute gemacht, die Muhammad gleichmäßig auf alle Muslime aufteilte. Dieser Sieg stärkte das Selbstgefühl der Muslime, erleichterte ihre materielle Lage und führte ihnen auch viele neue Gefolgsleute zu.

In dieser Zeit wandte sich Muhammad auch deutlich gegen die Juden, die er anfangs hofiert hatte, um sie für den Islam zu gewinnen. Er zwang eine der drei jüdischen Sippen, die in Medina lebten, die Stadt zu verlassen und alle ihre Besitztümer zurückzulassen. Das verbesserte zwar die finanzielle Situation der islamischen Gemeinde, schuf ihr aber zugleich neue Feinde, und 625 wurden die Muslime von 3.000 Mekkanern bei Uhud besiegt und Muhammad dabei verletzt. Die Mekkaner konnten diesen Sieg aber nicht nützen, und die Muslime bereiteten sich auf eine neue Auseinandersetzung vor, indem sie den unbefestigten Norden von Medina und alle Wege, die in die Stadt führten, durch das Ausheben tiefer Gräben schützten. Als im Jahr 627 dann an die 4.000 bewaffnete Mekkaner nach Medina zogen, mussten sie die Stadt regelrecht belagern – und kehrten nach zwei Wochen unverrichteter Dinge wieder heim. Dies ging als »Graben-Schlacht« in die Geschichte ein, festigte den Zusammenhalt der Muslime und förderte den Zulauf von neuen Anhängern.

So konnte Muhammad allmählich daran denken, den Spieß umzudrehen und seinerseits den Mekkanern die Herrschaft über das Heiligtum und die Führung in der gesamten Region streitig zu machen. Er verhandelte mit ihnen und erreichte den Abschluss eines zehnjährigen Waffenstillstands und die Erlaubnis, dass Muslime zu bestimmten Zeiten ungehindert das Heiligtum besuchen durften.

629 unternahm Muhammad mit etwa 2.000 Begleitern erstmals eine Pilgerfahrt nach Mekka und konnte ungehindert das gewohnte religiöse Ritual rund um die Kaaba vollziehen. Dies machte großen Eindruck nicht nur auf die Bewohner der Stadt, sondern auch auf viele Stämme, die sich bisher noch zurückgehalten hatten. Die Sure 2,197–201 behandelt die Details der Wallfahrt *(hadsch):*

Vollzieht die große Pilgerschaft und die kleine Fahrt zu Allahs Haus; seid ihr aber daran verhindert, so bringt wenigstens ein kleines Opfer, jedoch schert dann euer Haupthaar nicht eher, als bis euer Opfer seine Stätte erreicht hat. Wer aber krank ist oder ein Kopfübel hat, der löse sich durch Fasten, Almosen oder sonst ein Opferwerk aus. Seid ihr vor Feinden sicher und schiebt bis zur Pilgerfahrt den Besuch von Allahs Haus auf, dann bringt ein kleines Opfer. Wer das nicht kann, faste drei Tage auf der Pilgerfahrt, sieben, wenn er zurückgekehrt ist, zusammen zehn Tage. Dasselbe soll der tun, dessen Hausleute nicht zur heiligen Moschee wanderten. Fürchtet Allah und wisst, dass er gewaltig zu strafen vermag.

Wenn ihr mit weiten Schritten vom heiligen Arafat herabkommt, denkt an Allah! Seid ihr in Maschar al-Haram (= an der heiligen Stätte) angelangt, denkt daran, dass er euch wohlleitende Lehre gab und dass ihr zuvor zu den Irrenden gehörtet. Dann geht eilenden Schrittes wie andere tun, und bittet Allah um gnädige Vergebung. Er ist versöhnlich und barmherzig. Habt ihr nun die heiligen Gebräuche vollendet, dann denkt mit Dank an Allah. So wie ihr an eure Väter denkt, ja noch inniger denkt an ihn.

Muslime beim Verrichten der vorgeschriebenen täglichen Gebete.

Im Januar 630 brach Muhammad unter einem Vorwand den Waffenstillstand und zog mit 10.000 Anhängern nach Mekka, besetzte die Stadt im Handstreich, begab sich zur Kaaba und berührte mit seinem Stab den heiligen Stein. Dabei rief er: *Allahu akbar* (= Gott ist größer) – dieser Ruf wurde daraufhin zum traditionellen Kriegsruf der Muslime.

Nachdem er die rituelle Umrundung der Kaaba vollzogen hatte, ließ er die Idole von ihren Sockeln stürzen und übernahm formell die Herrschaft. Sodann mussten die völlig überrumpelten Quraisch an ihm vorbeiziehen und einen Treue-Eid ablegen. Die bisherigen Privilegien wurden abgeschafft und die neue »Verfassung« verkündet.

Muhammad verzichtete weitgehend auf Rache für die vielen Verfolgungen und Demütigungen, die er, seine Familienangehörigen und ersten Anhänger in Mekka zu erdulden hatten, und erwies sich allen gegenüber als tolerant, die sich als Muslime bekannten, indem sie ihre Hingabe an Gott *(islam)* und an ihn als seinen Gesandten erklärten.

Mit großer Schärfe aber begegnete er allen, die sich ihm nicht anschlossen. So zog er schon zwei Wochen später mit einer Streitmacht von 12.000 Kriegern gegen die *Hawasim*, die sich zuerst schon den Quraisch widersetzt hatten. Er lieferte ihnen bei Hunain eine Schlacht und besiegte sie – obwohl er dabei zeitweise in arge Bedrängnis geriet –, konnte aber die nahe gelegene Bergstadt Taif nicht einnehmen. Die Besiegten stellte er vor die Wahl, sich ihm anzuschließen oder ihm ihr Hab und Gut zu übergeben. Die meisten liefen über, und die muslimische Gemeinde wuchs rasant.

Bei der Verteilung der Beute kam es immer wieder zu Konflikten, weil sich bisherige Anhänger gegenüber neuen benachteiligt fühlten. Muhammad schlichtete den Streit, zog sich aber bald wieder nach Medina zurück und überließ die Herrschaft in Mekka seinem Stellvertreter Abu Bakr.

Aus der Distanz konnte er viel besser die Zügel in der Hand behalten, seine Offenbarungen vernehmen, die Weisungen Allahs kundtun und seine göttliche Sendung zur Wirkung kommen lassen. Sure 9 (Vers 1–2, 3, 5, 25–26, 29) ist ein eindrucksvolles Zeugnis aus dieser Zeit. Sie lässt die Unerbittlichkeit erkennen, mit der die Muslime im Auftrag Allahs allen Menschen, mit denen sie in Berührung kamen, den universellen Gott und die Vereinigung der gesamten Menschheit im Glauben an ihn verkünden sollten:

Die Befreiung (Schuldentlastung, Verpflichtungslossprechung) wird von Allah und seinem Gesandten den Götzendienern erklärt, mit denen ihr ein Bündnis (Vertrag) abgeschlossen habt. Geht nur vier Monate frei im Land umher; aber wisst, dass ihr die Kraft Allahs nicht schwächen (seine Pläne nicht vereiteln) könnt. Allah wird vielmehr die Ungläubigen zuschanden machen ...

Bereut ihr aber, so wird es besser um euch stehen ..., denn Allah liebt die, welche ihn fürchten ...

Sind die heiligen Monate, in denen jeder Kampf verboten ist, vor-

bei, dann tötet die Götzendiener, wo ihr sie auch finden mögt; oder nehmt sie gefangen und belagert sie und lauert ihnen auf allen Wegen auf ...

In vielen Gefechten schon stand Allah euch bei, namentlich am Tag der Schlacht bei Hunain, als ihr stolz auf eure größere Anzahl blicktet; diese aber konnte euch nichts helfen und ihr seid gewichen und geflüchtet. Da zeigte Allah endlich seinem Gesandten und den Gläubigen seine vorsehende Allgegenwart und sandte Heere, die ihr nicht sehen konntet (seine unsichtbaren Engel), und strafte die Ungläubigen ...

Bekämpft diejenigen der Schriftbesitzer, welche nicht an Allah und den Jüngsten Tag glauben und die das nicht verbieten, was Allah und sein Gesandter verboten haben, und sich nicht zur wahren Religion bekennen, so lange, bis sie sich unterwerfen ...

Beginn der arabischen Einigung

Der wunderbare Sieg bei Hunain, den Muhammad in dieser Sure bezeugt, übte eine gewaltige Wirkung nicht nur auf die in der Region lebenden Stämme aus, sondern auf ganz Arabien. Aus allen Teilen der Halbinsel kamen Delegationen zu Mohammed und baten darum, in die Gemeinschaft der Glaubenden aufgenommen zu werden. Viele von ihnen taten das aber sicherlich nur aus taktischen Erwägungen. Muhammad durchschaute es und stimmte die Gesetze und Anweisungen – wie Sure 9 sehr deutlich erkennen lässt – darauf ab, nicht nur einen politischen Treuschwur zu leisten, sondern ein religiöses Gelöbnis mit allen Konsequenzen, welche die christliche und jüdische Tradition dafür bereit hielt, nämlich ewige Höllenstrafen für bewusstes Hintergehen.

Auf die konkreten Lebensregeln – die »Fünf Säulen des Islam« –, die bis heute das tägliche Leben der Muslime organisieren und bestimmen, werden wir später, im Kapitel über die islamische Glaubenslehre und das Religionsgesetz (= *scharīa*), noch genauer zu sprechen kommen.

Im Februar 632 machte Muhammad seine letzte Pilgerfahrt nach Mekka, und er legte sehr konkret und bis in die Einzelheiten die Regeln des *Hadsch* (= große Pilgerreise) und der *Umra* (= kleine Pilgerreise) fest.

Nach Medina zurückgekehrt, konnte Muhammad sich als politischer und zugleich religiöser Herrscher Arabiens fühlen. Zumindest waren die Weichen für die bisher noch niemals gelungene Einigung aller Stämme der arabischen Halbinsel gestellt – und das Fundament dafür war unzweifelhaft das besondere Charisma des Propheten, der gleicherweise ein religiöses wie ein politisches Genie war. Hier bildete sich ein neuer Staat, der bald über die Grenzen des arabischen Sprachraums hinauswachsen sollte, imperiale Züge annahm und in Konkurrenz zum damaligen byzantinischen Kaiserreich und zum Reich der sassanidischen Großkönige in Persien trat. Der stark expandierende Staat schuf die Voraussetzungen, dass die Religion des Islam eine derart rasante Verbreitung erfuhr.

Die Energie der arabischen Stämme, die bisher in unzähligen Fehden und kleinen Kriegen vergeudet worden war – die nomadisierenden Araber waren weder von den Römern noch von den Parthern oder Persern je unterworfen worden –, konnte jetzt gebündelt werden und war ein gewaltiges Potenzial, das Muhammad dafür einsetzen wollte, die ganze Menschheit im Glauben an den Allbarmherzigen zu einen.

Die nächsten strategischen Schritte lagen auf der Hand: Die Expansion der muslimischen Gemeinde musste gegen Ostrom im Norden und gegen Persien im Osten erfolgen. Und Muhammad hatte schon vorgearbeitet: Eine große Armee hatte er nach der Eroberung Mekkas bei *Tabuk,* etwa 500 km nördlich von Medina, gesammelt, mit der er die byzantinische Grenze überschritt und von einer Reihe nordarabischer Stämme – unter anderem auch vom König von *Aila* (= Akaba) – als Führer anerkannt wurde und Tribut erhielt. Um noch weiter nach Norden und bis nach Syrien vorzudringen, hätte es aber einer gründlicheren Vorbereitung bedurft. Die wollte er nach seiner Pilgerreise Anfang 632 in Angriff nehmen.

Der frühe Tod des Propheten

Wieder zurück in Medina, erkrankte Muhammad plötzlich schwer und starb völlig unerwartet am 8. Juni in den Armen seiner Lieblingsfrau Aischa.

Die Verwirrung war groß, doch **Abu Bakr** war zwei Jahre

zuvor von seinem Schwiegersohn mit der Leitung der Pilgerreise im Jahr 631 und mit der Führung der Geschäfte in Mekka
beauftragt worden und übernahm nun auch, dem Willen des
sterbenden Propheten folgend, die Rolle des Imam (= Vorbeter)
während der täglichen Gebete. Außerdem hatte er genügend
natürliche Autorität, um sofort nach seinem Hinscheiden als
Vertreter *(halifa)* des Propheten die Führung zu übernehmen
und sein Erbe anzutreten.

In seiner ersten Ansprache erwies er sich als ein weitblicken-
der und sowohl politisch wie religiös würdiger Nachfolger,
als er sagte: *Wenn irgend jemand Muhammad verehrt, so ist Muhammad tot. Wenn aber jemand Gott verehrt, dann lebt Muhammad
fort und stirbt nicht.*

Damit nährte er den enthusiastischen Glauben jener, die
nicht an den Tod des Propheten glauben wollten und annahmen, dass er – wie Jesus – in den Himmel aufgefahren sei, und
wehrte damit zugleich einen zum strengen Monotheismus der
Lehre Muhammads keineswegs passenden vergöttlichenden
Personenkult ab.

Dieser blühte aber trotzdem bald auf, und sein Zentrum
wurde das Haus Muhammads bzw. seiner Witwe Aischa, wo
er die letzten zehn Jahre seines Lebens gewirkt und das Fundament für die dritte monotheistische Weltreligion gelegt hatte. Auch die Tatsache, dass man seinen Leichnam nach altem
Brauch unter dem Fußboden seiner Wohnung bestattet hatte,
übte auf viele Gläubige eine große Anziehungskraft aus. Heute
befindet sich an diesem Ort die Moschee des Propheten, die
den Muslimen als fast so heilig gilt wie die Kaaba in Mekka
und die viele auf ihrem Wallfahrtsweg nach Mekka oder auf
der Heimreise als Pilger besuchen.

DIE ENTWICKLUNG DES ISLAM UNTER DEN ERSTEN KALIFEN

Abu Bakr (632 bis 634)

Dem schnell gewählten und von der Mehrheit der Stämme akzeptierten ersten Kalifen **Abu Bakr** stand in der Person des *Halid ibn al-Walid* ein überaus versierter General zur Seite, dem es rasch gelang, abtrünnige Stämme, die sich um selbsternannte Propheten – wie z. B. *Musailima* – scharten, wieder zur Räson zu bringen.

Abu Bakr waren nur zwei Jahre im Kalifenamt beschieden, dann starb auch er und bestimmte vorher als seinen Nachfolger **Umar ibn al-Hattab,** einen der Männer der ersten Zeit, der die Hidschra mitgemacht und sich dann immer wieder als geschickter Stratege bewährt hatte.

Muhammad hatte keinen Nachfolger bestimmt. Trotzdem war seine Vorliebe für seinen Cousin und Schwiegersohn *Ali* allgemein bekannt. Er hatte *Fatima,* die jüngste der vier Töchter Muhammads mit Chadidscha, geheiratet und mit ihr zwei Söhne: *Hasan* und *Husain.*

Ali akzeptierte Abu Bakr und dann auch noch Umar als Kalifen, weil er selbst noch jung war und in der kritischen Zeit nach dem Tod des Propheten keine Spaltung riskieren wollte, die vielleicht die gesamte Bewegung gefährdet hätte.

Umar ibn al-Hattab (634 bis 644)

Während der Regierung Umars folgten die Siege und Eroberungen Schlag auf Schlag: 635 wurde Ktesiphon, die Hauptstadt Mesopotamiens, erobert, 636 die byzantinische Provinz Syrien mit Damaskus und Jerusalem, 637 das westliche persische Sassanidenreich mit Mesopotamien, 641 das iranische Hochland (Aserbaidschan) durch die Schlacht bei Nihāvand, 642 das damals weitgehend koptisch-christliche Ägypten und 644 das Land Barka (heute Libyen) bis Tripolis.

Fragt man nach den Gründen für das erstaunlich rasche Vordringen und den geringen Widerstand, auf den die muslimischen Armeen stießen, dann waren neben den »spirituellen Motiven« (Bassam Tibi), welche die muslimischen Armeen der Frühzeit beflügelten, dafür wohl vor allem die Verhältnisse in den byzantinischen Provinzen Syrien, Palästina und Ägypten und im persischen Sassanidenreich ausschlaggebend: einerseits eine semitische Bevölkerung in Syrien, die kulturell mehr mit den Arabern gemein hatte als mit den Griechen, andererseits das überwiegend nestorianische (Syrien) bzw. monophysitische (Ägypten) Christentum, das von Byzanz als Ketzerei angesehen und verurteilt wurde, sowie das starke Judentum, das ebenfalls immer wieder Repressalien der byzantinischen Verwaltung ausgesetzt war.

Die Bevölkerung hatte also wenig Interesse, sich auf die Seite der von den Muslimen angegriffenen Besatzungstruppen zu schlagen, sondern sah in den Muslimen eher Befreier vom byzantinischen Joch. Karl Prenner verweist in diesem Zusammenhang auf die Schriften des Johannes Damascenus, aus denen hervorgeht, dass der Islam damals als »christliche Sekte« angesehen wurde, von deren Herrschaft man mehr Freiheit und einen ökonomischen Aufschwung erwartete.

Ein interessantes Dokument aus dieser Zeit ist der in den »Annalen« des al-Tabarī enthaltene Vertrag Umars mit der belagerten Stadt Jerusalem:

Im Namen Gottes, des barmherzigen Erbarmers! Das Folgende hat der Knecht Gottes Umar, der Befehlshaber der Gläubigen, den Einwohnern von Aelia (Jerusalem) *als Sicherheitsgarantie gewährt. Er hat ihnen eine Garantie für ihr Leben, ihr Hab und Gut, ihre Kirchen und Kreuze, die Kranken und Gesunden sowie die ganze Einwohnerschaft der Stadt gewährt. Ihre Kirchen sollen weder als Wohnungen benutzt noch zerstört werden; weder sie noch der dazugehörige Besitz sollen Schaden leiden; auch nicht ihre Kreuze oder anderweitiges Eigentum. In ihrer Religion sollen sie nicht beeinträchtigt werden, und niemand soll Schaden leiden. Auch künftig soll kein Jude bei ihnen in Aelia wohnen dürfen. Die Bewohner müssen aber in gleicher Weise wie die übrigen Städte Tribut entrichten ... Diejenigen, die sich mit ihrer Habe entfernen, mit den Byzantinern abreisen und ihre Kirchen und Kreuze aufgeben wollen, sollen freies Geleit haben ... auf die-*

sem Schriftstück liegt die Bürgschaft Gottes und der Schutz seines Gesandten, der Kalifen und der Schutz der Gläubigen, wenn sie den ihnen obliegenden Tribut entrichten.

Das Hauptproblem in dieser Zeit blieb dasselbe wie nach den ersten militärischen Erfolgen Muhammads nach der Hidschra: Das durch die starken Rivalitäten für ein gemeinsames Vorgehen ungeeignete Stammesdenken der Muslime der ersten Stunde musste durch ein alle Grenzen der Clan- bzw. Stammeszugehörigkeit übergreifendes Gemeinschaftsbewusstsein – nämlich **Diener Allahs und des Islam** zu sein – ersetzt werden.

Umar erreichte das durch seinen rasanten *Dschihad* (= Zwangsbekehrung zum Islam) – und zwar äußerlich durch seine erfolgreichen Feldzüge und innerlich-spirituell durch eine massive Indoktrination, indem er seinen Soldaten handfeste, theokratisch fundierte Lebensregeln vorschrieb.

Die Assimilation mit den eroberten Völkern verhinderte er, indem er den »Leuten des Buches« *(ahl al-kitab)*, also den Juden, Christen und Anhängern des Zarathustra (im Koran auch Sabäer genannt), eine weitgehende Selbstverwaltung gestattete und von ihnen nur eine Kopfsteuer *(dschizya)* einhob. Sie konnten sich aber auch bekehren und zum Islam übertreten, was ihnen beträchtliche wirtschaftliche und gesellschaftliche Vorteile brachte.

Die Eroberer wurden in neu errichteten Militärlager-Städten angesiedelt, z. B. in Kufa und Basra im Süd-Irak oder in Fustat (Kairo) in Ägypten. Die Beute wurde so aufgeteilt, dass ein Fünftel dem Staat verblieb und vier Fünftel unter den Kriegern der arabischen Stämme, die sich an den Eroberungen beteiligt hatten, aufgeteilt wurden. Diese Aufteilung erfolgte nach neu angelegten Registern (diwan), aus denen die Stammeszugehörigkeit ersichtlich wurde.

Hier wurde bereits die spätere Verwaltungsstruktur sichtbar: An der Spitze der eroberten bzw. für den Islam gewonnenen Provinzen stand ein militärischer Befehlshaber *(Amil)*, der als Vertreter des Kalifen fungierte und zugleich das oberste geistliche Amt *(Imam)* inne hatte. Außerdem gab es einen Verantwortlichen für die Finanzverwaltung und einen obersten Richter.

Das Gemeindeleben war und blieb aber pluriform, und mit der raschen Ausdehnung wuchsen auch die Spannungen und

Konflikte – nicht nur zwischen den Einheimischen und den Arabern, sondern vor allem zwischen arabischen und nichtarabischen Muslimen. Trotzdem wurden »mit der Eroberung dieser großen Kulturräume die Voraussetzungen geschaffen, dass sich in den folgenden Jahrhunderten eine islamische Kultur herauskristallisieren konnte – als eine Synthese von arabischer, griechisch-hellenistischer, semitischer, persischer und türkischer Kultur«.

Hinter den Eroberungen stand aber kein ausdrücklicher »Missionsauftrag« – auf den sich z. B. das Christentum bei seiner Expansion berufen hat (Mt 28,19: *Geht hinaus in alle Welt und lehrt die Völker, macht sie zu Jüngern und tauft sie)* und weiterhin beruft –, sondern sie sind, wie die historische Forschung der letzten Jahrzehnte ergeben hat, »eher zufällig in Gang gekommen: Das ursprüngliche politische Ziel der Umma, die endgültige Durchsetzung des islamischen Monopols auf der Arabischen Halbinsel, führte zunächst zur Einbeziehung der christlichen arabischen Vasallen der Byzantiner bzw. Perser an beiden Rändern der Syrischen Wüste; erst die leichten Erfolge brachten die getrennt und unabhängig operierenden Trupps muslimischer Kämpfer dazu, durch Verträge mit den Sesshaften die Umma auch nach Syrien und Mesopotamien hinein auszuweiten.

Es ist also der neue arabische Staat, der expandiert, und nicht primär die Religion, wobei dessen Träger zunächst die Angehörigen der mekkanischen Kaufmannsaristokratie sind, an ihrer Spitze bezeichnenderweise diejenigen Clans, die dem Islam zunächst indifferent oder ablehnend gegenüber gestanden hatten wie die *Umayya.* ... Zwei Prozesse wurden in Gang gesetzt: die Arabisierung und die Islamisierung.« (Karl Prenner)

644 wurde Umar bei einem Attentat schwer verletzt und konnte nur noch ein Wahlkollegium bestimmen, das nach seinem Tod **Uthmān ibn Affan** zum dritten Kalifen machte.

Uthmān ibn Affan (644 bis 656)

Er stammte aus der Familie der *Umayya* und war – wie Ali – auch ein Schwiegersohn Muhammads, nämlich der Ehemann der beiden Prophetentöchter Rukaija und Umm Kulthum – und ebenfalls ein Mann der ersten Stunde.

Politisch war Uthmān aber eher unbegabt. Seine größte und folgenreichste Leistung bestand in der Vereinheitlichung der Koran-Überlieferung, der eine immer größere Bedeutung im Leben der islamischen Gemeinden gewann. **Koran** kommt von arab. *Kur'an* (= das oft zu Lesende) und umfasst alle von Muhammad zwischen 610 und 632 formulierten und als Offenbarungen Allahs verkündeten Aussprüche. Der Koran ist in arabischer Sprache gehalten und belegt und verteidigt an mehreren Stellen (z. B. Sure 10, 38–41; 15, 7–10; 69, 39–52) ausdrücklich seinen Offenbarungscharakter.

Die von Muhammad bei verschiedenen Gelegenheiten über 22 Jahre hinweg verkündeten Offenbarungen wurden zunächst von den Gläubigen auswendig gelernt, durch das oftmalige Rezitieren und Anhören verbreitet und weitergegeben, aber sicherlich auch bereits auf primitiven Materialien (Palmblätter, Steine, Holz, Knochen, Leder) niedergeschrieben und immer wieder bei den Freitagsgottesdiensten und vor allem im Monat Ramadan von professionellen Koranrezitierern *(muqri)* vorgetragen, wobei diese die in den Texten vielfach vorhandene »Reimprosa« in einer nasalen, stark verwindenden Singweise zum Ausdruck brachten. Muhammad selbst soll diese Offenbarungen von Zeit zu Zeit zu einzelnen Suren (arab. *sura* bedeutet vielleicht: die den Menschen überwältigende Erhabenheit) zusammengefasst haben. Der Überlieferung zufolge hat er sie gemeinsam mit dem Engel Gabriel jährlich mit der Urtextfassung im Himmel verglichen, um Ungenauigkeiten, die sich beim Überliefern ergaben, auszumerzen.

Uthmān stützte sich auf die erste Sammlung der Suren, mit der Abu Bakr nach dem Tod des Propheten *Zaid ibn Tabit,* Muhammads Sekretär in Medina, beauftragt hatte. Er ließ auch allen mündlichen und schriftlichen Überlieferungen sorgfältig nachgehen und gab den Auftrag, eine »kanonische« Fassung des Koran zu erstellen, die von da an verbindlich war. In den sogenannten *hadith* (= Überlieferungen), die den Koran auslegen und zwei Jahrhunderte lang mündlich weitergegeben worden sind, blieben andere Fassungen zum Teil erhalten und sind in schriftlichen Sammlungen, die auf das 9. Jh. zurückgehen, zugänglich.

Der Koran ist dadurch volksbildend und identitätsstiftend

zugleich geworden, weil das mekkanische Arabisch, in dem Muhammad seine Offenbarungen verkündete, die Grundlage für eine arabische Hochsprache wurde, welche die vielen Stammesvarianten überhöhte und eine sprachliche Einheit schuf. Da es über viele Jahrhunderte hinweg untersagt war, den Koran in andere Sprachen zu übersetzen, bildete er ein machtvolles Fundament der Arabisierung der verschiedensten Stämme und Völker, die sich der islamischen Bewegung anschlossen.

Die Wahl Uthmāns zum dritten Kalifen blieb nicht unumstritten. Ali hatte vorher schon zweimal nachgegeben, obwohl er Muhammad am nächsten stand, da er in seinem Haushalt aufgewachsen war und mit ihm gelebt hatte. Jetzt hatte sich eine eigene Partei zur Unterstützung der Interessen Alis *(Schiat Ali)* gebildet, die während der Regierungszeit Uthmāns in Opposition zu ihm trat, einzelne Maßnahmen des Kalifen kritisierte, als nicht mit dem Koran und dem Willen des Propheten übereinstimmend deklarierte und bekämpfte. Gegen den Kalifen waren auch viele Soldaten eingestellt, die sich schlecht besoldet fühlten und sich dagegen wehrten, dass Uthmāns Stamm, die *Umayya,* die meisten lukrativen Posten bekommen hatten. Eine dritte Gruppe von Parteigängern Alis waren wohlhabende Mekkaner aus anderen Stämmen, die ebenfalls mit Anordnungen Uthmans unzufrieden waren, weil sie sich benachteiligt fühlten.

656 kam es zu blutigen Auseinandersetzungen, in deren Verlauf Uthmān ermordet wurde. Daraus entstand ein fünfjähriger Bürgerkrieg *(fitna).* Die meuternden Soldaten und die meisten Medineser erklärten sich für **Ali ibn Ali Talib** und proklamierten ihn zusammen mit der Partei Alis als neuen Kalifen. Da nach der Anschauung der Familie des Propheten nur einer von ihnen Nachfolger Muhammads (= Kalif) sein konnte, sahen sie in Ali nicht den vierten, sondern den ersten »wahren Kalifen«.

Ali ibn Ali Talib (656 bis 661)

Aischa, die Witwe des Propheten, verlangte von Ali, die Mörder Uthmāns zu bestrafen; diese hatten sich aber bereits für Ali erklärt, weshalb dieser nun als Komplize der Mörder angesehen wurde. In der sogenannten »Kamelschlacht« bei Basra (656) setzte sich Ali militärisch durch. Als aber **Mu'āwiya,** Anführer der *Umayya*, Schwiegervater des Propheten und Cousin Uthmāns, ebenfalls Anspruch auf das Kalifat erhob, konnte Ali sich gegen ihn nicht durchsetzen, da dieser als Amil von Syrien über die beste Armee verfügte und Ali zumindest gleichwertig gegenüberstand.

Als dann ein Schiedsgericht die Verschuldensfrage am Tod Uthmāns zugunsten Alis entschied, dieser den Spruch aber nicht anerkannte, da er ihn als im Widerspruch zum Koran und zum Willen des Propheten sah, kam es zu einem folgenschweren Streit unter den Anhängern Alis: Eine Gruppe von ihnen sagte sich von Ali los und ging als *Charidschiten* (= Ausziehende) ihren eigenen Weg. Einer von ihnen, *Ibn Muldscham*, wurde schließlich 661 zum Mörder Alis, um Rache dafür zu nehmen, dass Ali diesem Sonderweg die Zustimmung verweigert hatte und die Charidschiten bekämpfte.

Auch die anderen *Spaltungen im Islam* haben ihre Ursprünge meistens in der Politik, in Führungsproblemen oder in materiellen Streitigkeiten. Es ging nur marginal um unterschiedliche Lehrauffassungen, viel öfter um Eifersucht, Führungsansprüche und Rivalitäten einzelner Gruppierungen und nicht primär um religiöse Wahrheiten oder um das Halten oder Nichteinhalten der religiösen Gesetze.

Am deutlichsten sieht man das an der tragischen Gestalt des um 600 geborenen Ali, der beim Tod des Propheten erst 33 Jahre alt war und deshalb gegenüber dem mehr als doppelt so alten Abu Bakr keine Chancen hatte, als Nachfolger und Führer der Gemeinschaft anerkannt zu werden. Ali stand schon damals in Opposition, verweigerte dem Kalifen die Ehrerbietung und hielt sich abseits. Auch Alis Frau Fatima hatte mit Ansprüchen, die sie auf Ländereien ihres Vaters erhob, keinen Erfolg. Der Kalif begründete seine Absage damals damit, dass »Propheten keine Erben haben«.

Dass er seine oppositionelle Position beinahe ein Vierteljahrhundert durchhielt, ist wohl auf seinen unbeugsamen Charakter zurückzuführen. Er hielt sich den Quellen zufolge in allem strikt an die Anweisungen des Koran, legte diesen aber vielfach anders aus als der Kalif – allerdings nicht aus selbstsüchtigen Motiven, sondern in einer Art realitätsfernem, unpolitischem, naivem Idealismus.

Dieser zeigte sich z. B. darin, dass er von Umar verlangte, die gesamten Einkünfte aus den Eroberungen zu verteilen und nichts als Staatsschatz (für Projekte von allgemeinem Interesse) einzubehalten; oder darin, dass er sich weigerte, die von seinen beiden Vorgängern geschaffenen Verordnungen und Entscheidungen zu akzeptieren, als ihm das vom sterbenden Umar einberufene Wahlkomitee das Kalifat anbot. Uthmān, dem man es daraufhin anbot, war mit den Bedingungen einverstanden und erhielt den Zuschlag. Ali verhielt sich dann weiterhin reserviert und missbilligte öffentlich Entscheidungen des Kalifen, hielt Kontakt mit dessen ärgsten Kritikern und geriet dadurch selbst immer wieder in ein schiefes Licht.

Mit diesen seinen hervorstechendsten Charakterzügen hing es auch zusammen, dass seine Anhänger vor allem aus unzufriedenen Soldaten und frommen Koranrezitatoren bestanden, die gegen den ausufernden Nepotismus Uthmāns protestierten. Als Ali aber in der Auseinandersetzung mit Mu'āwiya nicht auf militärische Gewalt setzte, sondern einen Kompromiss versuchte, war das einem Teil seiner Anhänger zu wenig eindeutig, und sie versagten Ali ihre Gefolgschaft. Sie schlossen sich aber nicht dessen Gegnern an, sondern bildeten eine eigene Gruppierung und sahen sich damit in der geistigen Nachfolge Muhammads, der ja auch eigene Wege gegangen war und alle anderen als »Ungläubige« ansah und bekämpfte. Die Charidschiten z. B. sahen sich als »Paradiesesmenschen« und die anderen als »Höllenbewohner«, die sie im Auftrag Allahs bestrafen mussten.

Dieses Grundverständnis ist über die Jahrhunderte hinweg als Motivations- und Verhaltensmuster bei vielen Randgruppen und Reformbewegungen wirksam geblieben und kann auch gegenwärtig sowohl in der Taliban-Bewegung wie in der Al Qa'ida-Organisation des Osama bin Laden festgestellt werden.

DER POLITISCHE ENTWICKLUNGSWEG DES ISLAM BIS ZUR GEGENWART

Die Dynastie der Umaiyaden (661 bis 750)

Mit dem Tod Alis und dem freiwilligen Verzicht des von den Anhängern Alis zum Kalifen proklamierten *Hasan,* des älteren der beiden Söhne Alis, war der Bürgerkrieg beendet und der Weg offen für den Umayya *Mu'āwiya ibn Jasid* (661–680), der sich in **Jerusalem,** der bereits im Jahre 637 von den Muslimen eroberten heiligen Stadt der Juden und Christen, als alleiniger Herrscher proklamierte und von **Damaskus** aus das schnell größer werdende Reich regierte.

Er erwies sich aber nicht nur als fähiger militärischer Führer, sondern eroberte 670 Tunesien und begründete mit der Errichtung der Lagerstadt **Kairouan** und der Großen Moschee (Sidi-Oqba) ein spirituelles Zentrum in Nordafrika, das noch heute nach Mekka, Medina und Jerusalem als die vierte heilige Stadt des Islam gilt. Er war aber auch ein instinktsicherer Politiker und vorausblickender Staatsmann, der die Basis für die erste muslimische **Dynastie der Umaiyaden** (mit insgesamt 13 Kalifen) und zugleich für die machtvolle Expansion des Islam in der ersten Hälfte des 8. Jh. legte. Sein größter Erfolg war aber sicherlich die Einigung der arabischen Stämme durch die Umwandlung der bisherigen Stammesföderation in einen zentralistisch organisierten Staat nach persischem und byzantinischem Vorbild.

Der Verlegung des Zentrums des Islam von der Arabischen Halbinsel nach Syrien ging ein bedeutsamer Wandel voraus, der zwar nicht allgemein akzeptiert wurde (vgl. die schon genannten Spaltungen!), aber für die weitere Entwicklung des Islam bestimmend wurde: An die Stelle des charismatischen Führers wurde als politisch-rechtliche Autorität der Amtsinhaber (erbliches Kalifat, Dynastie) als »Stellvertreter Gottes und des Propheten« und auf der religiösen Ebene trat an die Stelle der unmittelbaren Prophetie Muhammads (Offenbarungen) das interpretierende Überliefern der als abgeschlossen erklärten Offenbarungen Muhammads: d. h. Koran und *Sunna*.

Als 680 der Imam *Husain*, der zweite Sohn Alis, in *Kerbelā* (im heutigen Irak) mit fast allen noch lebenden Mitgliedern der Prophetenfamilie auf Befehl des zweiten Umaiyaden **Jazid I.** (680–683) getötet wurde, war dies keine Bereinigung der Spaltung, sondern führte ganz im Gegenteil zur Verfestigung und Verwandlung der *Schia Ali* zur zweiten islamischen Glaubensrichtung: den **Schiiten.** Das tragische Schicksal Alis und seiner Familie wird von den Schiiten bis heute in eindrucksvollen religiösen Feiern jeweils am 10. Tag des Monats Muharram in Kufa und Kerbelā begangen.

Während dieser **āschūrā**-Feierlichkeiten ziehen Prozessionen sich geißelnder Menschen, die sich auf diese Weise mit den Leiden des Imams Husain und seines Hauses verbinden und solidarisieren, durch die Straßen von Kerbelā. In eigenen »Passionsspielen« *(ta'sidscha)* wird jedes Detail der damaligen Geschehnisse erinnert:

Wie der Umaiyaden-Anführer *Ibn Sijad* dem mit dem Mantel seines Großvaters Muhammad bekleideten Husain den Zugang zur letzten Wasserquelle abschnitt und seinen jüngsten, erst sechs Monate alten Sohn, für den Husain um Wasser bat, in seinen Armen töten ließ.

Wie seine Mutter ihn beweinte und miterlebte, wie ihr Mann, von unzähligen Pfeilen durchbohrt, schließlich von einem Umaiyaden-Soldaten namens *Schamr* geköpft wurde.

Und wie seine Tochter *Rukaidscha* vor Schmerz über sein Schicksal starb, als sie den abgeschlagenen Kopf ihres Vaters sah.

In einem Bericht über diese Passion Husains und seiner Familie heißt es: *Die Zuschauer brechen in lautes, rückhaltloses Schluchzen und Klagen aus. Sie schlagen sich auf die Stirn und klopfen sich gegen die Brust. Die Worte des Erzählers sind so gewählt, dass sie die mit kindlicher und elterlicher Liebe verbundenen Empfindungen und Gefühle jedes Teilnehmers und den Abscheu vor dieser Gewalttat gewaltig zu steigern vermögen.* (Malise Ruthven)

Die Erinnerung an dieses Massaker löste in der Folgezeit immer wieder Revolten aus, andere Gruppen folgten dem Beispiel der Abspaltung wie die *Qarmaten, Zayditen, Dschafariten,*

Ismailiten, Fatimiden, Nisariten. Die von Muhammad und von den »rechtgeleiteten Kalifen« – so bezeichnen die Sunniten Abu Bakr, Umar, Uthmān und Mu'āwiya – gewollte unbedingte Einheit des Islam ist jedenfalls bis heute nachhaltig und unwiederbringlich gestört.

Wie im Christentum bedeutete die Existenz mehrerer Gruppierungen aber nicht nur ein Negativum, denn jede der »Parteien« oder »Konfessionen« trug auch das Ihre zur Gesamtentwicklung des Islam bei.

Über die Jahrhunderte hin bis zur Gegenwart bilden also nicht die Schiiten (die heute in Aserbeidschan, in Bahrain, im Irak und im Libanon, vor allem aber im Iran dominieren) die Mehrheit, sondern die **Sunniten,** die sich lehrmäßig außer auf den Koran auch auf das Lebenszeugnis Muhammads und auf seine persönlichen Interpretationen der Offenbarungen (**= Sunna)** stützen und eine detailgetreue Befolgung von Gesetz und Ritual verlangen. Damit schaffen sie ein starkes Bewusstsein für das Sakrale im Alltag und vermitteln die Erfahrung des Eingebettetseins aller Muslime in die kosmische Ordnung. Mehr über die konkreten Unterschiede im Leben und in der Lehre der Sunniten und Schiiten – und anderer Gruppierungen der Muslime – siehe im Kapitel *Die Glaubenslehre des Islam.*

Trotz der inneren Uneinigkeit und des Auseinanderdriftens der Sunniten und Schiiten lösten die Umaiyaden nach der rasanten Entwicklung unter Abu Bakr und Umar eine zweite große Eroberungswelle aus und erweiterten den islamischen Herrschaftsbereich im Westen zeitweise bis weit über die Pyrenäen hinaus nach Frankreich und im Osten bis zum Himalaya. In der Geschichte der Religionen gibt es keinen mit dieser Expansion der arabischen Theokratie vergleichbaren Siegeszug, der in einer so kurzen Zeit von nur 89 Jahren so weitreichend und dauerhaft war. Diese Expansion ist vor allem mit den Namen der Kalifen *Abd al Mālik* (685–705) und *Al-Walīd I.* (705–715) verbunden. Dessen Feldherr *Tarik* überschritt 711 die Meerenge von Gibraltar (*= Dschebel al Tarik)* und besiegte die Westgoten unter Roderich. Sein Vormarsch durch die gesamte iberische Halbinsel und über die Pyrenäen bis tief in das Land der Franken wurde erst 732 durch Karl Martell mit seinem Sieg in der Schlacht bei Tours und Poitiers gestoppt.

Im Osten endete der Vormarsch der islamischen Eroberung nach der Eroberung Transoxaniens und des Indusgebietes – 751 eroberten die Araber Taschkent und trafen auf die westlichen Vorposten des chinesischen Reiches! Erst durch die erfolglosen Belagerungen Konstantinopels (674–78 und 715–18) und durch Niederlagen gegen die Türken in Anatolien wurde ein weiteres Vordringen aufgehalten – wohl auch deshalb, weil im Jahr 750 der 13. Umaiyaden-Kalif *Merwan II.* (744–750) Thron und Leben im Kampf gegen den aufständischen Abbasiden-Anführer *Abu al-Abbas* verlor. Er wurde von den Schiiten unterstützt, brach die Macht der Umaiyaden entscheidend und begründete eine neue, mehr als fünfhundert Jahre dauernde Dynastie.

Die Dynastie der Abbasiden (750 bis 1258)

Die **Abbasiden** waren Nachkommen von Muhammads Onkel *Al-Abbās* und wie die Quraisch und die Umayya ein mekkanischer Stamm. Die Dynastie der Umaiyaden war unter Mithilfe der Schiiten gestürzt worden, doch schon der zweite Abbasiden-Kalif *Al-Mansur* (754–775), der sich auf persönliche Hilfstruppen stützen konnte, löste sich wieder von den Schiiten und ließ in seiner Armee nichtarabische Neukonvertiten zum Zug kommen.

Ein deutliches Zeichen dafür war die Verlegung der Residenz in den Irak. Nahe der alten persischen Metropole Ktesiphon in Mesopotamien – also im persischen Einflussbereich gelegen – wurde in der Nähe des Dorfes **Bagdād** von 758–762 als neue Residenz der Abbasiden die »Stadt des Heils« *(Madīnat as-Salām)* als kreisrunde Palast- und Garnisonsstadt angelegt – und das sassanidische Hofzeremoniell übernommen. Dies wurde dadurch begünstigt, dass die alte iranische Herrenschicht den Islam annahm, sich schnell integrierte und »zu einem neuen innovativen Element der islamischen Gesellschaft wurde«. (Küng)

Sowohl politisch wie kulturell und administrativ spielte von da an das persische Element – zusammen mit dem byzantinischen – eine große Rolle in der weiteren islamischen Entwicklung und trug entscheidend zur kulturellen Blüte des Islam im 9. und 10. Jh. bei.

Damit wurde das ursprüngliche Leitbild der »Arabisie-rung« in den Hintergrund gedrängt und die **Islamisierung** zum herrschenden Entwicklungsprinzip. Erst diese »Wende« *(daula)* bedeutete die Weiterentwicklung des Islam zur Weltre-ligion. Die neue Hauptstadt zeigte dies ganz deutlich: Es war eine Vielvölkerstadt in einem Vielvölkerstaat. Der Islam ist un-ter den Abbasiden jetzt nicht mehr eine nur arabische, sondern eine mehrere Völker umgreifende universale Religion. Statt der überlieferten arabischen Stammesloyalität gilt jetzt die univer-sale islamische Ordnung und Bruderschaft. Alle Unterschiede zwischen Arabern und Nicht-Arabern sollen wegfallen, wobei aber die Kalifen selber als »Stellvertreter Gottes« und »Fürsten der Gläubigen« erst recht als souveräne Herrscher über Volk und auch Aristokratie hinausgehoben werden. Im Rahmen dieses Weltreligionsparadigmas gestaltet sich eine spezifisch islamische Kultur: »Begründet auf dem klassischen Arabisch, auf persischer Lebensart und hellenistischer Philosophie und Wissenschaft ist sie der frühmittelalterlichen Kultur des christ-lichen Europas weit voraus.« (H. Küng)

Die Neuorganisation der Regierung *(Wesire)* und Adminis-tration nach persischem und byzantinischem Muster und die starke Dominanz des Hofstaates, der bemüht war, den Kali-fen von der Öffentlichkeit abzuschließen, trugen aber bereits Keime des Niedergangs in sich. Und schon in der Regierungs-zeit des in Europa bekanntesten abbasidischen Kalifen **Harun al-Raschid** (786–809) wurden deutliche Verfallserscheinungen sichtbar.

Durch die genannte Strukturveränderung, vor allem aber durch die ungeheure Ausdehnung des Reiches und die ausein-anderstrebenden Interessen noch nicht sehr tief im Islam ver-wurzelter Provinzstatthalter verselbständigten sich einzelne Regionen, und das Kalifat wurde in der Folge zum Spielball rivalisierender politisch-religiöser Gruppierungen und Kräfte.

Das Emirat von Cordoba – Al-Andalus: Bereits 755, nur fünf Jahre nach dem Sturz der Umaiyaden-Dynastie, machte sich in **Südspanien** *(Al-Andalus)* der dem Massaker in Bagdad entgan-gene Umaiyaden-Fürst *Abd ar-Rahmān ibn Mu'āwiyya* zum Emir von Cordoba und erklärte die Unabhängigkeit seines Reiches vom neuen Abbasiden-Kalifat, ohne damit aber die Verbindung zum islamischen Reich völlig zu lösen. Er begründete eine neue *Umaiyaden-Dynastie*, die neun Herrscher umfasste und bis 976 Bestand hatte. Abd ar-Rahman I. belebte die syrische Tradition des Islam in Spanien, forcierte den *Mālikismus* – die Rechtslehre von Medina –, konsolidierte die islamische Gemeinschaft auf der Iberischen Halbinsel und knüpfte sogar Beziehungen nach Byzanz. Bis 773 wurde aber noch der jeweilige Abbasiden-Kalif in Bagdad beim Freitagsgebet in die offiziellen Gebete des andalusischen Emirs eingeschlossen – und so die »Umma« hochgehalten.

Die Unabhängigkeit des andalusischen Reichs wurde erst offiziell, als Emir Rahman III. (912–961) im Jahr 929 den Titel eines Kalifen für sich beanspruchte. Er zog damit die Konsequenzen aus der eigenständigen Entwicklung, die der Islam in Spanien genommen hatte – nicht zuletzt unter dem Einfluss der christlichen Kulturen, mit denen das Emirat in engem Kontakt stand.

In der langen Regierungszeit Rahmans ähnelte das neue andalusische Kalifat einer »absoluten und sakralen Monarchie«. Er fand aber nirgendwo sonst Anerkennung, so dass sein Anspruch von der Umma nie bestätigt wurde. Auch die Einigkeit dieses andalusischen Kalifats war nicht lange aufrecht zu erhalten. Es bildeten sich mehrere kleine Reiche, in deren Mittelpunkt Städte wie Cordoba, Sevilla oder Granada standen, in denen ein reiches Geistes- und Kulturleben blühte.

Eine der großen Leistungen der **Mauren (= spanische Muslime)** war es, Europa mit dem Denken der alten Griechen und der arabischen Wissenschaften bekannt zu machen. Und die architektonischen Schöpfungen in den genannten Städten gehören heute zum Weltkulturerbe der Menschheit.

Die beiden Nachfolger Rahmans III. konnten jedoch die Herrschaft nicht halten. Im Laufe eines mehr als 50 Jahre dauernden Bürgerkrieges kam es zu einer immer stärkeren Regionalisierung und schließlich 1091 zum Zerfall des muslimischen Staates.

Unter den *Almoraviden* (1091–1145), die vom König von Sevilla aus Nordafrika zu Hilfe gerufen wurden, war die christliche Reconquista – unter Mithilfe des Cid – Schritt für Schritt im Vormarsch.

Ähnlich war es, als die *Almohaden* die Herrschaft über Al-Andalus übernahmen und trotz ihrer straffen Administration offen für die Wissenschaften und Künste waren. **Ibn Rushd** und **Al-Arabī** hatten viele christliche Hörer und konnten ihre Vermittlerrolle optimal erfüllen. Auch die Sufi-Mystik blühte, doch die Macht des Islam war brüchig geworden, und die Heere der christlichen Spanier erfochten Sieg um Sieg. Schließlich blieb dem Islam nur noch das **Königreich Granada,** wo sich alle Kräfte sammelten und von 1266–1492 eine letzte Blüte des Islam in Spanien ermöglichten, deren schönste Frucht wohl die Alhambra ist.

Der Fall Granadas (1492) bedeutete dann das endgültige Ende des andalusischen Kalifats und eine starke Schwächung der jüdischen und arabischen Minderheiten der *Moriscos* (= christliche gewordene Mauren) und *Mudejars* (= Muslime unter christlicher Herrschaft). Heute leben unter den 40 Millionen Einwohnern Spaniens gerade noch 120.000 Muslime (0,3 Prozent).

Die Idrisiden in Marokko: Im äußersten Westen des Maghreb (im heutigen **Marokko**) begründete der aufständische Schiitenführer *Idris ibn Abdallah* – ein Urenkel Alis – nach 789 ein Königreich mit der Hauptstadt **Fes.** Später entstand dort die berühmte *Qarawiyin-Moschee*, die sich mit der Al Azhar von Kairo und der Zitouna von Tunis messen konnte. Die Dynastie der **Idrisiden** konnte sich bis 974 behaupten.

Die Dynastie der Aghlabiden: In *Ifriqiyya,* auf dem Territorium des heutigen **Tunesien** und **Ostalgerien,** herrschte – mit Zustimmung der Abbasidenkalifen – die aus dem Iran stammende Fürstendynastie der *Aghlabiden.* Sie gründete im Jahr 864 in Tunis die sogenannte »Ölbaummoschee« *(Djama ez Zitouna),* auch »Große Moschee« oder **Zitouna** genannt, die zwischen dem 13. und 15 Jh. unter den *Hafsiden* zu einer der bedeutendsten Lehrstätten des Islam wurde. Damit verfügte Tunesien zusammen mit der 732 in Kairouan gegründeten ältesten Moschee Nordafrikas über zwei große spirituelle Zentren.

Der Ibaditen-Staat: In **Westalgerien** schuf die schiitische Sekte der *Ibaditen* unter den Berbern einen blühenden Staat mit der Hauptstadt *Tahert,* der verfolgte Charidschiten aus vielen Teilen der islamischen Welt anzog, bis er im 10. Jh. von den ismailitischen Fatimiden erobert wurde.

Ägypten unter den Fatimiden: In **Ägypten** gründete ein türkischer Offizier die Dynastie der *Tuluniden,* die hundert Jahre später von den ismailitischen *Fatimiden* abgelöst wurden. Diese etablierten sich 909 im nordafrikanischen Kairouan, wo sich der ismailitische Missionar (= da'i) *Ubaidallah* zum **Mahdi** *(= Erlöser)* erklärte und eine Dynastie begründete. 60 Jahre später eroberte *al-Mu'iss,* der vierte Fatimiden-Herrscher, ganz Ägypten und gründete nördlich von Fustat (im Bereich des alten Memphis) eine neue Hauptstadt mit vielen Gärten und Palästen, welche »Die Siegreiche« (*al-qahira* = **Kairo**) genannt wurde. Daraufhin beanspruchte er auch das Kalifat, weil sich die Macht der Abbasiden-Kalifen – bzw. der schiitischen *Bujiden-Dynastie,* die damals für den Kalifen regierte – de facto auf Mesopotamien und das iranische Hochland beschränkte und er ohnehin bereits die Herrschaft in Tunesien, Ägypten, Syrien, im Hedschas (Mekka und Medina) sowie in Jemen und Oman bis nach Pakistan inne hatte und von den in all diesen Ländern tätigen »da'i« tatkräftig unterstützt wurde.

Im Jahre 1058 wurde sogar in Bagdad selbst die Fatimidenherrschaft ausgerufen, als ein abtrünniger türkischer General die Seiten wechselte. Es gelang den Fatimiden aber nie, die Anerkennung der Abbasiden bzw. Bujiden als legitime Nachkommen Alis zu erreichen.

Als kurz darauf die sunnitischen **Seldschuken** den Einfluss der Bujiden brachen und ihrerseits als Beschützer des Abbasiden-Kalifats auftraten, war die Chance für den Wechsel des Kalifats von Bagdad nach Kairo dahin. Trotzdem beherrschten die Fatimiden Ägypten noch bis 1171, da sie ihre Seemacht ausbauten und einen großen Teil des Handels zwischen Europa und Indien kontrollierten. Sie gründeten die **Al-Azhar**-Moschee und -Universität und machten Kairo zu einem Zentrum der Kultur und Wissenschaft.

Ägypten unter den Aiyubiden: Gestürzt wurden die Fatimiden erst, als bei schweren Auseinandersetzungen ihrer sudanesischen und türkischen Hilfs-Truppen der kurdische General *Salah ad-Din al Aijubi* (in Europa als *Saladin* bekannt) im Auftrag der Seldschuken die Macht der Fatimiden brach und als neuer Sultan die Dynastie der *Aiyubiden* in Ägypten (1171–1252) begründete. Er war dann der große Gegner der christlichen Kreuzritter, die nach anfänglichen Erfolgen (Gottfried von Bouillon wurde 1099 König von Jerusalem!) ihre Eroberungs- und Christianisierungspläne Palästinas nach und nach aufgeben mussten.

Im 13. Jh. verloren die Aiyubiden aber die Macht an die ursprünglich von ihnen als Söldner geholten türkischen **Mamluken.**

Die Seldschuken-Herrschaft: Im Osten des Reiches, im **zentralasiatischen Hochland,** hatte zwischen 875 und 1005 die iranische Dynastie der *Samaniden* in Buchara und Samarkand, später auch in Chorosan, die Herrschaft inne und verstand sich als Beschützer der militärisch schwachen Abbasiden-Kalifen gegen die Turkvölker. Diese wurden um die Jahrtausendwende von den türkischen **Ghaznawiden,** vor allem aber von den **Seldschuken** der Macht beraubt.

Diese waren nomadische Stämme türkischer Herkunft, die aus dem Osten in den Machtbereich der Abbasiden eindrangen, den Islam – in der sunnitischen Form – annahmen und zuerst als Hirten, dann als Söldner in den Dienst der Abbasiden traten und mehr und mehr Einfluss bekamen. Zu Beginn des 11. Jh. übernahmen sie die Macht in Persien – und traten zugleich die Nachfolge der Samaniden als Beschützer des Abbasiden-Kalifates an.

In der Mitte des 11. Jh. hatten sie ihre Macht auch nach Syrien und Palästina und schließlich bis nach Mesopotamien ausgeweitet, ohne aber die religiös-politische Oberhoheit des Kalifen in Frage zu stellen. Doch ähnlich wie zweihundert Jahre vorher den Abbasiden erging es auch ihnen: Es gelang ihnen nicht, eine starke politische Zentralmacht aufzubauen, sondern eine große Zahl seldschukischer Emire teilte die Macht untereinander auf und bekam dadurch auch bald machtpolitische Probleme.

Eine Hochburg von Terroristen am Kaspischen Meer: Diese Probleme zeigten sich besonders deutlich an der alten Bruchlinie zwischen Sunniten und Schiiten. Denn zu den gefährlichsten Widersachern der Seldschuken wurde gegen Ende des 11. Jh. der radikale ismailitische Geheimbund der *Assassinen,* die auch vor brutalen Attentaten gegenüber politischen Gegnern nicht zurückschreckten und schließlich am Kaspischen Meer – mitten im Einflussbereich der Seldschuken – einen eigenen Staat mit der Hauptstadt **Alamut** gründeten, der bis zum Mongoleneinfall Bestand hatte.

In dieser politisch instabilen Zeit gewährleisteten Tausende an den überall gegründeten Lehrschulen *(Medresen)* nach einheitlichen und systematischen Gesichtspunkten ausgebildete Ulama (= Gesetzeslehrer), die dann an den Moscheen ihren Dienst als Rechtsgelehrte und Prediger, aber auch als Beamte z. B. das Verwalter- und Richteramt ausübten, die allgemeine Gültigkeit der *Scharīa* und eine gemeinsame Form der Religionsausübung. Einen großen Anteil daran hatte der bedeutende islamische Gelehrte **Al-Ghazali,** der in seinem wichtigen und heute noch in Verwendung stehenden Werk *Ihyah ulum al-Din* (= Die Wiederbelebung der religiösen Wissenschaft) eine konkrete Anleitung für das tägliche spirituelle Leben der Muslime sowohl im Geiste der Scharīa wie des Sufismus gab – aber ohne den politischen Druck, der seit Muhammads Zeiten in dieser Hinsicht ausgeübt wurde.

Der Mongoleneinfall: Die Blütezeit unter den Seldschuken ging ihrem Ende entgegen, als an der **Nordostgrenze des Reiches,** zwischen dem Baikalsee und dem Altai-Gebirge, zu Beginn des 13. Jh. eine neue gefährliche Machtkonzentration der **Mongolen** und Turk-Völker stattfand – teils schamanengläubig, teils Buddhisten oder auch nestorianische Christen –, die sich dem Mongolen-Khan *Temudschin* (1155–1227) anschlossen. Im Jahr 1206 war dieser auf einer Versammlung aller Sippenhäupter der Steppenvölker zu deren Oberhaupt gewählt worden. Er nannte sich von da an *Dschingis Khan* und schuf mit unwiderstehlicher Gewalt (»Goldene Horde«) zwischen 1206 und 1227 ein gewaltiges Imperium, das vom Pazifik bis Südrussland reichte. Seine Nachfolger setzten den Siegeszug der

Reiterheere gegen Süden, Westen und Südwesten fort, besetzten große Teile von Indien, des Iran, Anatoliens und des Irak, gefährdeten Byzanz, demolierten schließlich das Seldschukenreich und beendeten 1258 mit der **Zerstörung Bagdads** und der Hinrichtung des Kalifen die 500-jährige Abbasiden-Dynastie.

Das Kalifat von Kairo: Erst den starken **Mamlukenheeren** Ägyptens – von ägyptischen Aiyubidengenerälen angeheuerte ehemalige türkische Militärsklaven – gelang es 1260, das Vordringen der Mongolen zu stoppen. Der Mamlukensultan *Baibar* rief daraufhin in Ägypten einen überlebenden Verwandten des letzten Abbasiden-Kalifen zum neuen Herrscher aus und übernahm damit – erfolgreicher als die Fatimiden – die Rolle des Beschützers des islamischen Kalifates, dessen Sitz er nach **Kairo** verlegte. Das Ziel der Wiederherstellung eines umfassenden islamischen Reiches mit einer starken Zentralregierung konnte freilich auch durch den Mamlukenstaat (13. bis 16. Jh.), der die Kreuzfahrer 1291 endgültig aus Syrien vertrieb, nie erreicht werden.

Die allmähliche Islamisierung Indiens: Im Südosten Zentralasiens waren bereits 711 umaiyadische Truppen bis nach **Indien** vorgedrungen – und zwar in das südliche Industal *(Sind)* und den unteren Pandschab – und hatten gute Voraussetzungen für einen regen Austausch nicht nur von Handelsgütern, sondern auch von wissenschaftlichen Erkenntnissen geschaffen.

Indische Wissenschafter gelangten auf diese Weise an den Abbasidenhof nach Bagdad, und muslimische Geographen besuchten das arabisch dominierte Sind. Die erste islamische Dynastie in Indien schufen dann die *Ghaznawiden.* Mahmud (998–1030) fiel nicht weniger als siebzehnmal in Indien ein, machte dabei große Beute und zerstörte viele buddhistische und hinduistische Tempel und Klöster. Er organisierte sein Reich nach persischem Muster und gilt als islamischer Held. Auf die Ghaznawiden folgten im späten 12. Jh. die aus Zentralafghanistan stammenden *Ghōriden,* welche die islamische Macht bis Bengalen ausdehnten und 1210 **Delhi** zur Hauptstadt ihres Reiches machten.

Im Laufe der folgenden 150 Jahre entwickelte sich das **Sulta-**

nat Delhi – das vom Mongolensturm und den politischen Umstürzen im Vorderen Orient fast unberührt blieb – zum muslimischen Zufluchtsort und zu einem blühenden Kulturzentrum der islamischen Welt. 1291 wurde die Macht der Ghōriden durch die *Khaldschī* abgelöst, welche den islamischen Einfluss weiter nach Süden ausdehnten.

Unter dem Einfluss der im Jahr 1398 erfolgenden Invasion *Timur Khans* verlor Delhi dann jedoch seine zentrale Bedeutung, und die Regionalfürstentümer erhielten wieder größere Freiräume, sich zu entfalten und die Symbiose der indischen Kultur mit der arabisch-persischen zu vertiefen. Nachfolger der Khaldschī-Dynastie wurden die *Tugluq,* **Sayyids** und seit 1504 die *Lodī,* welche **Agra** zur neuen Hauptstadt machten. In dieser Zeit wurden Hindus und Buddhisten – analog zu den »Schriftbesitzern« (= Christen, Juden und Zoroastrier) – als »Schutz befohlene« behandelt, die zwar Kopfsteuer zahlen mussten, dafür aber Freiheitsgarantien für Religionsausübung und ihre Sicherheit erhielten.

Die Erfahrungen pendelten zwischen Toleranz und Intoleranz, und die so gewonnenen Prägungen bildeten nicht zuletzt das Fundament und den Hintergrund für die starken *fundamentalistischen Tendenzen* des pakistanischen und indischen Islam bis zur Gegenwart. Wobei sich das heute auf dem Indischen Subkontinent bevölkerungsstatistisch äußert: Im Nordwesten (Pakistan) gibt es einen Anteil von 97 Prozent und im Nordosten (Bangladesch) von 85 Prozent der Gesamtbevölkerung, während die Muslime in der indischen Republik nur einen Anteil von rund 11 Prozent haben.

Von besonderer Bedeutung war dafür natürlich die **Moghulzeit** vom späten 16. bis zum 18. Jh., als ein großer Teil Gesamtindiens unter islamischer Herrschaft war. Siehe dazu im Zusammenhang mit dem Osmanischen Reich.

Das islamische »Interregnum«: Was sich bereits seit der Mitte des 10. Jh. durch die zunehmende Ohnmacht des Kalifats, die permanenten Revolten der Militärs, die Arroganz der Sultane in den Provinzen, die Korruption der Bürokratie und durch den Niedergang der Wirtschaft abgezeichnet hatte – nämlich die Schwäche des islamischen Zentralstaates und der

»Paradigmenwechsel zur Regionalisierung« (H. Küng) – war nun voll durchgebrochen: »Seit 1258 fehlte im Islam eine allgemein anerkannte zentrale politische Autorität und ein Symbol der Einheit.«

Nun schlug die Stunde der Religionsgelehrten und der Scharīa. Nun war zwar die *politische* Macht des Islam endgültig gebrochen, doch er hatte sich in seiner *religiösen* Gestalt entfaltet, war zu einer echten **Weltreligion** geworden.

Von bleibender Bedeutung blieben in den 500 Abbasiden-Jahren auch die *kulturellen* Leistungen des Islam. Im europäischen Mittelalter war dieses Großreich zugleich so etwas wie das »High-Tech-Zentrum der mittelalterlichen Welt« und »hat das Abendland weit unmittelbarer und vielfältiger beeinflusst als die Griechen. Muslime haben damals nicht nur Kaiserreiche zerschlagen und ein Weltreich erobert, sie haben auch aus den Kulturen eroberter Reiche etwas Neues, Eigenes geschaffen – mit Kulturgütern aus China und Griechenland in Indien, Persien und Byzanz ... Und die Europäer haben diese arabische Überlegenheit – in Baukunst und Mathematik, Astronomie und Astrologie, Medizin, Literatur und vielen anderen Bereichen – durchaus anerkannt. Mit der Übernahme dieser Zivilisationsleistungen ist das Abendland aus jahrhundertelanger Erstarrung und Lethargie erwacht.« (H. Nußbaumer)

Mit dem Geist der ersten Gefolgsleute, Verwandten und Freunde des Propheten Muhammad aber hatte die Herrschaft der abbasidischen Kalifen, die Blütezeit des Umaiyadenreichs in Andalusien sowie der Einfluss Istanbuls unter Selim I. und Suleimann dem Prächtigen aber immer weniger zu tun. Sie setzten zwar die islamische Theokratie voraus, doch nicht Allah und auch nicht der »Beherrscher aller Gläubigen« gaben den Ton an, sondern es waren auf der einen Seite hochbegabte militärische Machthaber, auf der anderen Seite die kulturelle Integrationskraft und die Fähigkeit zur zivilisatorischen Offenheit großer Wissenschaftler, Philosophen und Mystiker, die als Geheimnis dieser Dominanz anzusehen sind.

Das Osmanenreich (1281 bis 1924)

Trotzdem gab es – zumindest aus der Sicht deutschsprachiger Leser – mächtige Nachfolger der Abbasiden-Dynastie in der Gestalt des **Osmanenreichs** (1281–1924), das nach der Herrschaft der aus dem heutigen Afghanistan stammenden *Ghaznawiden* (962–1186), den *Seldschuken* (11.–13. Jh.) mit dem Zentrum in Syrien und den *Mamluken* (13.–16.Jh.) in Ägypten eine **vierte** *türkische* Dynastie installierte.

Das einschneidende Ereignis waren die Eroberung von Byzanz im Jahre 1453 durch ein starkes osmanisches Heer und der damit besiegelte Untergang des Oströmischen Reiches. Der folgende zeitgenössische Bericht eines venezianischen Diplomaten an Papst Nikolaus IV. lässt die näheren Umstände, die dahinter stehenden Ideologien und Einschätzungen der Gegner des Islam und den Eindruck erkennen, den dieser militärische Erfolg der Osmanen in Europa machte:

30. Juni 1453. – An Seine Heiligkeit, den Papst

Aus sicheren Informationsquellen wissen wir, dass der Türke, Verfolger des Kreuzes, am erst kürzlich vergangenen 28. Mai nach einer blutigen Schlacht die Stadt Pera eingenommen hat. Alle Christen, die älter als sechs Jahre alt waren, fielen auf barbarische Weise dem Schwert zum Opfer. Am folgenden Tag, dem 29., eroberte der Türk den Hafen von Konstantinopel, indem er seine Kriegsmaschinen sowohl zu Land als auch zu See einsetzte. Schließlich fiel er in die Stadt ein und eroberte sie nach einem außergewöhnlichen Kampf. Auch hier wurden alle Christen, die älter als sechs Jahre alt waren, grausam ermordet ... wir müssen also feststellen, dass die Macht der Türken sowohl auf dem Land als auch auf dem Meer so stark geworden ist, dass, wenn nicht bald unser barmherziger Gott, Ihre Heiligkeit und die anderen christlichen Mächte uns im Kampf gegen diese Pestilenz zu Hilfe eilen, die gesamte Christenheit von ihrer Auslöschung bedroht ist ...

In den auf die Eroberung Konstantinopels folgenden Jahrzehnten erwies sich die militärische Stärke der Osmanen allen Gegnern überlegen. Die Eroberung von Byzanz (1453) und die Ausgestaltung als neues Machtzentrum ermöglichten die Ausdehnung der Osmanen-Herrschaft nach Osten (fast die gesamten Schwarzmeerprovinzen), nach Norden (bis zur mittleren Donau und unteren Save) und auch nach Westen (wo z. B. viele venezianische Besitzungen in der Ägäis unter osmanische Herrschaft gerieten).

Die **Anfänge des Osmanenreiches** waren freilich sehr bescheiden: Unter den islamischen Nomaden, die durch das Vordringen der Mongolen aus Turkestan vertrieben wurden und als Kriegergemeinschaft in den Dienst des Rum-Seldschuken-Reichs in Kleinasien traten, war 1265 *Erthogul* von den Rum-Seldschuken als eine Art »Markgraf« in Nordwestanatolien (Sögüt) eingesetzt worden. Sein Sohn *Osman* (1281–1326) fühlte sich in alter Tradition als islamischer Kämpfer *(ghazid)* gegen die Polytheisten, zu denen er vor allem die Byzantiner rechnete. Er erklärte sich 1301 zum **Sultan** und erweiterte sein Emirat vor allem durch die Eroberung von **Bursa** (1326). Seinen Nachkommen *Orkan* (1326–1362), *Murad I.* (1362–1389) und *Bayezid I.* (1389–1403) gelang 1345 die Einverleibung des Emirates *Karasi,* der Zugang zu den *Dardanellen* und 1361 die Eroberung von **Adrianopel** *(Edirne),* wodurch die schrittweise Isolierung Konstantinopels eingeleitet wurde, sowie die Eroberung **Rumeliens** *(= Bulgarien).* Durch die *Schlacht auf dem Amselfeld* (1389) wurde der Zugang bis zur Donau frei, den auch der deutsche Kaiser Sigismund wegen seiner Niederlage bei Nikopolis (1391) nicht stoppen konnte.

Eine Art Geheimwaffe der Osmanen bedeuteten die **Janitscharen** – eine neue Art von bestens organisierten und in neuesten Kriegstechniken ausgebildeten Fußtruppen, die sich hauptsächlich durch ehemalige christliche Sklaven rekrutierten, die vom Sultan freigekauft worden waren, zum Islam übertraten, dem Sultan blind ergeben und daher von niemandem sonst abhängig waren. Erst sie machten diesen neuerlichen islamischen Siegeszug möglich, den nur der Mongole *Timur Khan* (= Tamerlan) vorübergehend stoppte, als er 1402 in der Schlacht bei Ankara Bayezids Armee schlug und die alten Emirate in Anatolien wiederherstellte.

Nach einem zehnjährigen Bürgerkrieg zwischen den Söhnen Bayezids – *Mohammed I.* (1413–1421), *Murad II.* (1421–1451) und vor allem *Mohammed II.* (1451–1481) – wurde die osmanische Expansion erfolgreich weitergeführt, und das sunnitisch geprägte osmanische Reich konsolidierte sich als neue Weltmacht zwischen den christlichen Reichen in Europa und dem schiitischen Safawidenreich in Persien.

Sultan *Selim I.* (1512–1520) beanspruchte schließlich im Jahr 1520 auch das seit 1258 vakante und von den Mamluken wenig erfolgreich in Kairo wiederbelebte **Kalifat** für das Osmanenreich, signalisierte damit seinen politischen Willen zur Fortsetzung des Umaiyaden- und Abbasidenreiches und machte – nach Medina, Damaskus und Bagdad – **Istanbul** zum neuen politischen Machtzentrum des Islam.

Sein Nachfolger *Suleiman der Prächtige* (1520–1566) führte dann das osmanische Reich zu seiner größten Blüte: Im Südosten gelang es ihm zunächst, das schiitisch orientierte *Safawiden-Reich* unter Schah *Ismail* auf Distanz zu halten, im Süden brach er endgültig die militärische Macht der *Mamluken* und beendete ihren Versuch, in Kairo eine Fortsetzung des Abbasidenkalifats zu etablieren. Auf diese Weise brachte Suleiman sowohl die heiligen Stätten der Christenheit wie des Islam in seine Gewalt.

1521 eroberte Suleiman Belgrad, besiegte 1526 den ungarischen König Ludwig II. in der Schlacht bei Mohács und stieß 1529 erstmals bis Wien vor, das er aber nicht einnehmen konnte. Es wurde ein Waffenstillstand ausgehandelt und die Teilung Ungarns beschlossen. 1534 übernahm Suleiman vorübergehend auch die Macht in Persien, machte viele Eroberungen an der Küste Nordafrikas und sicherte sich auch in Äthiopien und im Jemen wichtige Stützpunkte.

In dieser Zeit seines größten Einflusses wurden aber auch schon deutliche Anzeichen des späteren Niedergangs sichtbar: als 1571 in der Seeschlacht von Lepanto die türkische Seemacht ihren Einfluss im westlichen Mittelmeer verlor; oder ein Jh. später, im Jahr 1683, als ein europäisches Ersatzheer unter dem Polenkönig Johann III. Sobieski die zweite osmanische Belagerung Wiens beendete und damit den islamischen Expansionsdruck auf Europa zum Stillstand brachte.

Dem Osmanenreich war zwar noch ein langer Bestand beschieden, es gelang ihm aber in keiner Phase seiner weiteren Entwicklung, jene islamische Zentralmacht zu werden, von der manche Muslime weiterhin träumten. Der Islam war und blieb – bis heute! – politisch, aber auch religiös zersplittert.

Das Safawidenreich: Neben dem Osmanenreich gab es in Persien seit 1501 das von Scheich *Ismail I.* gegründete **Safawidenreich,** das bis 1722 in Zentralasien die Herrschaft inne hatte. Ismail war erst sechzehn Jahre alt, als ihn seine Freunde – eine Gruppe von Sufis aus Aserbaidschan – zu ihrem Anführer wählten. Sie beriefen sich auf Scheich *Safi ad-Din Ishaq* (gest. 1334) als Gründer ihrer Sufigemeinschaft, hatten erst vor kurzem den schiitischen Glauben in seiner orthodoxen Form *(Zwölfer-Schiiten)* angenommen und warteten auf die Rückkehr des »verborgen« lebenden Zwölften Imam. In Auseinandersetzungen mit sunnitischen Emiren hatten sie sich militärisch durchgesetzt und wurden von einem unbedingten Glauben an ihren Anführer getragen, der seine Abkunft von Musa al-Kasim, dem 7. Imam der Zwölfer-Schia, herleitete.

Die Safawiden erklärten den Schiismus zur offiziellen Religion ihres von **Täbris** aus neu gegründeten Staates und zwangen alle Sunniten, die in den eroberten Gebieten bleiben wollten, zur Ablegung eines Treueids und zur Verfluchung der ersten drei Kalifen, die Ali den Kalifentitel streitig gemacht hatten. Damit schufen sie erstmals ein nichtarabisches islamisches Reich, in dem die Schia Staatsreligion und politische Weltanschauung war. Wegen der intensiven Naherwartung des Kommens des Zwölften Imam und der damit verbundenen Endzeit-Stimmung fühlte sich jeder Gläubige aufgerufen, den wahren Glauben durchzusetzen, weshalb sich die Safawiden ausdrücklich als Militärstaat verstanden, in dem das Heer und sein Oberbefehlshaber hohes Ansehen genossen.

An der Spitze des Staates stand der **Schah,** der als Nachkomme der ersten Imame und als »Der Schatten Gottes auf Erden« verehrt wurde. Und man organisierte – nach osmanischem Muster – eine straffe Administration und rief viele Ulama ins Land, die in neugegründeten Rechtsschulen viele junge Menschen ausbildeten, welche die Staatsideologie in das Volk trugen. Vom safawidischen Herrscher ernannte kommissarische Beamte *(safr)* kontrollierten die Systemtreue der Ulama und sorgten für einen starken religiösen Konformismus.

Darin waren bereits gegen Ende des 17. Jh. – etwa unter Schah *Abbas dem Großen* (1687–1692) – die Strukturen der iranischen Nation deutlich erkennbar, zumal die Macht und Autorität der

Ulamas beim Niedergang der Safawidenmacht zu Beginn des 18. Jh. und bei dem darauf folgenden langen »Interregnum« (1722–1779) sich als die beständigste und stärkste Macht im Staate erwies. Das änderte sich auch nicht, als die **Qadscharen** von 1785 bis 1924 die Macht in Persien innehatten.

Das Moghulreich: Neben dem Osmanenreich und dem *Safawidenreich* gab es in dieser Zeit noch ein drittes unabhängiges islamisches Imperium, das **Moghulreich** in Indien. Seine Ursprünge gehen bis zum Ende des Umaiyadenreiches in der Mitte des 8. Jh. zurück. Seine eigentliche Entfaltung erreichte es aber erst unter dem türkischen Söldnerführer *Zahīr ad-Dīn Muhammad Bābur* (1494–1526). Von der Mitte des 16. bis zur Mitte des 18. Jh. beherrschten die Moghuln beinahe den ganzen indischen Subkontinent und verfügten über einen immensen Reichtum. Bābur entwickelte ein sehr wirkungsvolles Administrationssystem, das ein relativ reibungsloses zentralistisches Regieren ermöglichte. Das spirituelle Leben zeichnete sich in dieser Blütezeit durch ungewöhnliche Offenheit und Toleranz aus und verwirklichte eine Art Synthese zwischen dem bodenständigen Hinduismus und der islamischen Religion. Bābur war nicht nur väterlicherseits mit Tamerlan und mütterlicherseits mit Dschingis Khan verwandt, sondern verstand sich auch als deren »Nachfolger«.

Er herrschte zuerst in **Kabul,** besiegte sowohl Ibrahim Lodī als auch die anderen Emire der Region, gilt daher als der Begründer des Reichs der **Moghuln** (= indisches Wort für Mongolen). Er taktierte sehr geschickt zwischen den verschiedenen zentralasiatischen Emiren, den Safawiden und Usbeken, die das Reich des Tamerlan beherrschten, und hinterließ schließlich seinen beiden Nachfolgern *Hamayun* und *»Kaiser«* **Akbar** (1556–1605) ein Territorium, das von Kabul im Norden bis nach Bihar und Uttar Pradesh reichte.

Kaiser Akbar verwandelte von seiner in der Nähe der Stadt Agra gelegenen neuen Hauptstadt **Fatehpur Sikri** aus dieses Herrschaftsgebiet in einen modernen Zentralstaat, der den gesamten nördlichen Teil des Subkontinents (auch die südlichen Himalaya-Länder) bis zum Breitengrad von Kalkutta umfasste. Die Toleranz, mit der Kaiser Akbar herrschte und die nicht islamisierte Bevölkerung behandelte, ist beispiellos in der Geschichte islamischer Staaten und blieb bis heute ein unerreichtes Vorbild.

Der damals herrschende kooperative Geist ermöglichte auch das Entstehen des *Sikhismus,* der seine Wurzeln in synkretistischen Kreisen des Akbar-Reiches hatte und die bewusste Vereinbarkeit von Hinduismus und Islam lehrte und lebte. Akbars Nachfolger *Shah Jahan* musste aber die mit herrlichen Bauten geschmückte »rote Stadt« Fatehpur Sikri wieder räumen, weil die Wasserversorgung irreparabel zusammenbrach. Er ließ 1647 in Agra eines der berühmtesten Bauwerke Indiens errichten, das eindrucksvolle Grabmal **Tadsch Mahal** für seine Frau, das ein gutes Zeugnis von der Synthese zwischen einem aufgeklärten Islam und einem toleranten Hinduismus darstellt.

Die Politik Akbars blieb freilich nicht unwidersprochen. Der Moghul **Aurangseb** (1658–1707) machte die meisten toleranten Gesetze Akbars wieder rückgängig und behandelte die Hinduisten mit großer Ungerechtigkeit. Damit löste er eine Reihe gefährlicher Aufstände aus, die zuerst 1737 den persischen Eroberer *Nādir Shāh* und 1747 den Afghanen *Ahmad Shāh Durrānī* ins Land lockten, bis schließlich die Engländer 1757 mit der Schlacht von Plassey (nördlich von Kalkutta) dem Moghuln-Reich den entscheidenden Schlag versetzten und die Kolonialisierung Indiens einleiteten.

Der modernistische Reformer *Sayyid Ahmad Khan* (1817–1898), die **Muslimische Liga** (gegründet 1906) und Sir *Muhammad Iqbal* (1876–1938), der »Vater des islamischen Sozialismus«, schufen dann die Voraussetzungen für die 1947 erfolgte Gründung **Pakistans** als eigener islamischer Staat auf dem Indischen Subkontinent – als die Briten ihre Herrschaft über Indien aufgaben. Die ursprüngliche territoriale Gestalt eines Doppelstaates wurde bereits 1971 wieder korrigiert, als sich Ost-Pakistan unter dem Namen **Bangladesch** selbstständig machte.

Der Untergang des Osmanenreichs: Das osmanische Reich geriet – wie die gesamte islamische Welt – im 18. Jh. in eine wachsende Krise und teilweise unter schweren Druck, als »allenthalben die europäische Moderne vordrang: mit Verkehr,

Wissenschaft, Technologie, mit Industrie und auch Demokratie. So werden die europäischen Mächte in jeder Hinsicht ungehindert immer stärker und die Osmanen immer schwächer: wirtschaftlich, politisch und militärisch. Unaufhaltsam scheint dieser Prozess der europäischen Modernisierung und Säkularisierung. Allzu lange vertrauen die selbstbewussten islamischen Herrscher auf die ihnen von Gott gegebene Macht über die Erde. Sie versäumen, die geistigen Veränderungen in Europa ernst zu nehmen. Unter dem Einfluss traditionalistischer Ulama und reaktionärer Sufis droht auch im Osmanischen Reich das geistig-soziale Leben zu erstarren.« (H. Küng)

Man kann deshalb gegen Ende des 18. Jh. geradezu von einer Umkehr der Expansionsdynamik sprechen: War das Christentum seit der zweiten Hälfte des 7. Jh. dem Vordringen des Islam nicht gewachsen und lieferte eher Rückzugsgefechte, so wendete sich nun das Blatt, und die Osmanen hatten z. B. dem Heer Napoleons, als er 1799 in Ägypten landete, wenig entgegenzusetzen. Ähnlich war es 1830 und 1881, als die Franzosen Algerien und Tunesien eroberten, oder 1839, 1882 und 1889, als die Engländer den Jemen, Ägypten und den Sudan besetzten. Mit diesen militärischen Siegen war auch eine entsprechende Eroberer-Mentalität (Imperialismus) verbunden, durch welche die Muslime in ihrem Selbstgefühl beschädigt wurden und in eine schwere Identitätskrise gerieten, die erst in der zweiten Hälfte des 20. Jh. »aufgearbeitet« wurde, deren »Narben« aber weiterhin beträchtliche Aggressionen gegen alles »Westliche« erzeugen.

Natürlich gab es im osmanischen Reich auch Gegenbewegungen. Das erstarkte Bürgertum erklärte sich für Politik und Wirtschaft zuständig und lieferte der geistlichen Oberschicht, den Rechtsgelehrten mit ihrer »Exekutive«, den Janitscharen (gut gedrillte Kader junger Männer vom Balkan) und dem reaktionären Bektaschi-Orden, der sozusagen die Schlagzahl der islamischen Spiritualität angab, einen innenpolitischen Machtkampf, der zur Folge hatte, dass dringend nötige Reformen verschleppt oder nur halbherzig durchgeführt wurden. Und die oppositionellen Jungtürken, die nach der Niederlage gegen Russland 1878 – durch die das osmanische Reich fast den gesamten Balkan verlor – die Macht übernahmen, vertraten leider einen übersteigerten türkischen Nationalismus und verscherzten es sich endgültig mit den Arabern. Mit einigem Recht sprach man damals im Westen vom »Kranken Mann am Bosporus«.

Das Ende kam mit der Niederlage des osmanischen Reiches an der Seite Deutschlands und Österreichs im Ersten Weltkrieg und mit dem Friedensvertrag von Sevres, der das osmanische Reich zerstückelte. 1922 erklärte die türkische Nationalversammlung das osmanische Sultanat für abgeschafft, 1923 wurde die Türkei unter *Mustafa Kemal Pascha (»Atatürk«)* zur Republik erklärt und 1924 das **Kalifat abgeschafft** und zugleich eine neue, laizistische Staatsverfassung der Republik Türkei installiert.

Anteile der Muslime an der Weltbevölkerung

Neben den Staaten ist deren Einwohnerzahl in Millionen angegeben. Der daneben angegebene Prozentsatz ist der Anteil der muslimischen Bevölkerung.

1. Staaten mit Islam als Staatsreligion

Ägypten	78,08	(94,7%)	Marokko	31,64	(99,9%)
Algerien	37,06	(98,2%)	Mauretanien	3,61	(99,2%)
Irak	30,96	(98,9%)	Oman	2,80	(87,7%)
Iran	74,46	(99,7%)	Pakistan	173,15	(96,4%)
Jemen	22,76	(99%)	Sudan	35,65	(71,4%)
Jordanien	6,05	(98,8%)	Tunesien	10,55	(99,8%)
Libyen	6,04	(96,9%)			

2. Staaten mit muslimischer Mehrheit

Afghanistan	28,40	(99,8%)	Indonesien	240,68	(88,1%)
Albanien	2,91	(82,7%)	Kasachstan	16,32	(56,4%)
Aserbaidschan	9,05	(98,4%)	Kirgistan	5,45	(88,8%)
Bahrain	1,25	(81,2%)	Komoren	0,68	(98,3%)
Bangladesh	151,13	(90,4%)	Kuwait	2,99	(86,4%)
Burkina Faso	15,54	(58,9%)	Libanon	4,34	(59,7%)
Djibuti	0,83	(97%)	Malaysia	28,28	(61,4%)
Gambia	1,68	(95,3%)	Malediven	0,33	(98,4%)
Guinea	10,88	(84,2%)	Mali	13,99	(92,4%)

Niger	15,89	(98,3%)	Tadschikistan	7,63	(99%)
Quatar	1,75	(77,5%)	Tschad	11,72	(55,7%)
Saudiarabien	27,26	(97,1%)	Türkei	72,14	(98,6%)
Senegal	12,95	(95,9%)	Turkmenistan	5,04	(93,3%)
Sierra Leone	5,75	(71,5%)	Usbekistan	28,56	(96,5%)
Somalia	9,64	(98,6%)	Ver. Arab.		
Syrien	21,53	(92,8%)	Emirate	8,44	(76%)

3. Staaten mit mehr als 10% Anteil Muslime

Äthiopien	87,10	(33,8%)	Malawi	15,01	(12,8%)
Benin	9,51	(24,5%)	Mauritius	0,12	(16,6%)
Bosnien-			Mazedonien	2,10	(34,9%)
Herzigovina	3,85	(41,6%)	Montenegro	0,62	(18,5%)
Brunei	0,40	(51,9%)	Mozambique	23,97	(22,8%)
Bulgarien	7,40	(13,4%)	Nigeria	159,71	(47,9%)
Eritrea	5,74	(36,5%)	Russland	142,83	(11,7%)
Georgien	4,45	(10,5%)	Singapur	5,08	(14,9%)
Ghana	24,26	(16,1%)	Surinam	0,52	(15,9%)
Guinea Bissau	1,59	(42,8%)	Tansania	44,97	(29,9%)
Indien	1205,62	(14,6%)	Togo	6,31	(12,2%)
Israel	7,62	(17,7%)	Uganda	33,99	(12%)
Kamerun	20,62	(18%)	Zypern	1,10	(22,7%)
Liberien	3,96	(12,8%)			

Quellen:
% Muslim. Bev.: http://www.pewforum.org/2011/01/27/table-muslim-population-by-country/#note
Bevölkerungszahl: Weltbank (http://data.worldbank.org/indicator/SP.POP.TOTL)

Die »kalifenlose« Zeit (1924 bis zur Gegenwart)

Vom 17. bis zum 19. Jh. hatte der Islam auch in vielen anderen Teilen der Welt eine Phase der Entmachtung, Missachtung, ja Verfolgung erlebt, als die meisten islamischen Länder vom »Westen« (vor allem von England und Frankreich) zu **Kolonien** gemacht wurden. »In der Kolonialzeit wurde der Islam erstmals sozial und kulturell lächerlich gemacht … die europäischen Kolonialherren wollten ihre Herrschaft und Ausbeutung als gerechten Kampf gegen Unterentwicklung und Despotie rechtfertigen.« (H. Nußbaumer) Damit war die zivilisatorische Führungsrolle des Orients deutlich gekippt, und die Fortschrittsdynamik in der Förderung der Lebensqualität, in der künstlerischen Kreativität und in den wissenschaftlichen Leistungen ganz eindeutig auf den Westen (Okzident) übergegangen, der seine aus dem Mittelalter herrührende Rückständigkeit in diesen Bereichen hinter sich gelassen und das Heft total gewendet hatte. Der kolonialistisch und kapitalistisch agierende Westen trägt aber ein gerütteltes Maß an Mitverantwortung für die überwiegend schlechte wirtschaftliche Lage, für die mangelhaften Bildungschancen und die geringen Entwicklungschancen in den Gesellschaften mit starkem islamischem Anteil.

Nur im religiösen Bereich lief die Entwicklung zum Teil anders. Hier hatte das neuzeitliche Denken mit seinem Rationalismus, seiner Aufgeklärtheit und seiner totalen Diesseitigkeit die tiefe Frömmigkeit des mittelalterlichen und auch noch des barocken, gegenreformatorisch geprägten Christen – die in vielem der islamischen Frömmigkeit glich – aufgebrochen und in einer Art »Scheidung der Geister« veräußerlicht oder verinnerlicht. Der Christ lernte zu unterscheiden, »was des Kaisers und was Gottes ist« (vgl. Mt 22, 21), und verstand »Gottesherrschaft« nicht mehr als irdische Theokratie, in der »Gott« auch die politische Macht und die kulturell-gesellschaftliche Führung inne hat, sondern als »Reich Gottes« im Sinne der Aussage Jesu vor Pilatus: »Mein Reich ist nicht von dieser Welt« (Joh 18, 36) oder gegenüber Pharisäern, die nach dem Zeitpunkt des Kommens der Gottesherrschaft fragen: »Das Reich Gottes ist schon *mitten unter euch*« (vgl. Lk 17,21).

In einem opferreichen Lernprozess und langen geistigen Kampf – der zum Teil nicht nur mit geistigen, sondern auch mit militärischen Waffen ausgetragen wurde – kristallisierte sich die »Freiheit des Christenmenschen« (Martin Luther) als das neue Leitbild heraus, das einerseits eine demokratische und pluralistische Gesellschaft, freie Wissenschaft und Forschung und eine säkulare Kultur ermöglicht, andererseits dazu anleitet, die geoffenbarten Wahrheiten als vorgegebenen und daher unverzichtbaren Werte-Kanon zu verstehen, ihn verantwortlich in die Tat umzusetzen und »mitten in der Bewältigung des Alltags jenseitig zu sein« (Dietrich Bonhoeffer) und am »Vergeistigungsprozess des Materiellen« (nach 1 Kor 15,44–55), am »milieu divin« (P. Teilhard de Chardin), also an der »Theose« (= Heimkehr zu Gott) mitzuarbeiten.

Dieser Lernprozess ist noch im Gang, und es gibt innerhalb der »Christentümer« durchaus noch anachronistische Erscheinungen wie Fundamentalismus, Fideismus und religiösen Fanatismus, auch sehr viel konfessionalistische Intoleranz und Fixierung auf allen Seiten mit den dazugehörigen Verabsolutierungstendenzen, was die Wertung zeitbedingter religiöser Bräuche, Vorschriften und Glaubensinhalte betrifft.

Andererseits hat die an sich heilsame Säkularisierungsbewegung mit ihrer so wichtigen »Trennung von Kirche und Staat« viel Glaubens- und Orientierungslosigkeit verursacht und bei ihrer »Entzauberung der Welt« deren transzendente Struktur übersehen bzw. es noch nicht verstanden, die Menschen in die geistige Mündigkeit und bewusste Gläubigkeit zu führen, welche zum zentralen Inhalt der Botschaft des Evangeliums gehören.

Der in Deutschland lebende islamische Religionswissenschaftler *Bassam Tibi* ist einer jener Muslime, die mit großer Sachkenntnis und Konsequenz die **Erneuerung des Islam** in Angriff genommen haben. Mit seinen Schriften und mit Vorträgen treibt er die Bewusstseinsveränderung der in westlichen Gesellschaften lebenden Muslimas und Muslime voran und verweist immer wieder darauf, dass es heute nicht nur den »Volks-Islam« und den »Scharia-Islam« gibt, die beide übereinstimmend alle Ansätze von geistiger Emanzipation und Weiterentwicklung ablehnen, sondern auch den **Reform-Islam.**

Letzterer wird gegenwärtig vor allem in Europa und Amerika vertreten, wo es keine islamischen »Gottesstaaten« gibt und die eingewanderten Muslime daher innerhalb der modernen Bürgergesellschaft ihren Platz suchen. Sie sind dabei, die modernen Errungenschaften wie Demokratie, bürgerliche Freiheiten, Pluriformität, Toleranz, allgemeine Menschenrechte, Minderheitenrechte, Religionsfreiheit etc. zu prüfen und arbeiten daran, ihre »mittelalterliche« Tradition aufzuarbeiten, weiterzuentwickeln und sich von einem fundamentalistisch-reaktionären Verständnis des Islam zu lösen, um seine Reichtümer und Besonderheiten herauszustellen und in den Dialog und das Miteinander der geistig Wachen und Gläubigen aller Religionen und Weltanschauungen einzubringen.

Wer in der weltweiten gemeinsamen Gesellschaftsordnung, Wirtschaftsordnung, ja Weltordnung lebt, bedarf auch als Muslim einer »Metanoia«, also des bewussten Umdenkens – wobei er wie die Christen das Zeitbedingte, Vorläufige, Irdische vom Absoluten, Unwandelbaren, Jenseitigen unterscheiden lernen muss. Damit wird weder die Absolutheit des »einzigen« Gottes noch der bleibende Wert der Offenbarungen durch den Propheten Muhammad in Frage gestellt; sondern es werden nur die gefährlichen Verabsolutierungen menschlicher und das heißt immer: »veränderlicher« Regeln und Wertungen distanziert, welche die freie Verantwortung einschränken, machtpolitischem Missbrauch Vorschub leisten und die so wichtige vertrauensvolle Hingabe an Gott und seinen Willen – die ja Muslime genauso wie Christen leisten sollen – erschweren.

Adel T. Khoury weist darauf hin, dass die islamischen Länder in der zweiten Hälfte des 20. Jh. die Kolonialmacht abgeschüttelt und weitgehend ihre Unabhängigkeit wiedererlangt haben: »Einige von ihnen haben wegen des Ölsegens einen ungeahnten Aufschwung erlebt und sind dabei, die heute erstarkte Erweckungsbewegung noch weiter zu festigen und überallhin zu bringen, wo muslimische Mehrheiten über die Geschicke ihres Landes bestimmen können. Wo die Muslime nur eine Minderheit bilden, erfahren sie eine sehr starke Unterstützung von den reichen Ölländern«. (A. Th. Khoury)

In 13 Staaten der Welt ist der Islam heute Staatsreligion, in 25 Staaten haben die Muslime die Mehrheit der Bevölkerung und in weiteren 20 Staaten mehr als 10 Prozent Bevölkerungsanteil. Insgesamt bekennen sich etwa 1,3 Milliarden Menschen zu Allah und zum Koran und folgen den Weisungen des Propheten Muhammad. Damit ist sie hinter dem Christentum (2 Milliarden) die zweitgrößte der Weltreligionen und momentan die expansivste. (Vgl. die Zahlen auf Seiten 70/71.)

Daraus ergibt sich ein starkes neues Selbstbewusstsein – sowohl politisch wie religiös. Diesem berechtigten Selbstbewusstsein entsprechen aber sehr oft weder die konkreten politischen

Umstände noch die tatsächliche gleichberechtigte Teilhabe an der globalen Entwicklung der Zivilisation, also des *modern way of life* mit allgemeingültigen Menschenrechten und Wertevorstellungen usw. Und eine Erneuerungsbewegung innerhalb der religiösen Strukturen und Vorstellungen des Islam steckt noch in den Anfängen.

Das »interreligiöse Gespräch« und der »Dialog der Kulturen« sind wie nie zuvor in der Geschichte der Menschheit möglich geworden. Die sich ankündigende neue »Weltordnung« ruft heute alle sechs Milliarden Menschen dazu auf, sich im Sinne der erkämpften Gleichberechtigung, Toleranz und Freiheit um mehr Verständnis füreinander und um ein größeres Miteinander der Religionen beim Abbau der Feindbilder und Missverständnisse und um gemeinsame Fortschritte in der geistigen Entwicklung der Menschheit zu bemühen. Dazu können und sollen alle Religionen wichtige und von niemandem sonst zu erwartende spezifische Beiträge einbringen.

Die Glaubenslehre des Islam

Der bisher gewonnene Überblick über die geschichtliche Entwicklung lässt ahnen, dass keine einheitliche, für alle verschiedenen Richtungen des Islam verbindliche Glaubenslehre erwartet werden kann. Dazu sind die von Muhammad kundgegebenen Offenbarungen zu anlass- und zeitbezogen, zu unsystematisch und mehrdeutig, und das darin enthaltene Wort Gottes ist zu ungreifbar, weil zeit- und milieubedingt formuliert. Dazu sind die 114 Suren des Koran zu vielschichtig und inhomogen. Dazu sind die eigentlichen Glaubensinhalte – nämlich das Handeln, der Wille und das Wesen Allahs, des Unsichtbaren und über alles Irdische Erhabenen; die Kriterien des Gerichts; die Dimensionen des Heils und des Jenseits – oft zu transzendent-indirekt, zu hymnisch-bildhaft und zu spontan-emotionell formuliert.

Dies ist allerdings im Christentum, im Buddhismus, im Judentum oder im Hinduismus nicht anders. Es handelt sich eben bei den großen Weltreligionen und ebenso beim Glauben der Muslime nicht um eine ausgedachte und ausformulierte Weltanschauung oder Ideologie, es geht um kein systematisches Denk- und Lehrsystem, das der Gläubige hört oder liest, studiert, erlernt und akzeptiert, sondern um die totale Hingabe des Menschen an Gott – etwa im Sinne von Sure 98, 6: *Nichts anderes wird befohlen, als Allah zu dienen und sich zu seiner reinen Religion zu bekennen und rechtgläubig zu sein und das Gebet zu verrichten und den Armenbeitrag zu geben; denn dies ist die rechte Religion.*

Man darf also keine überhöhten Erwartungen hinsichtlich einer in dieser Offenbarung Gottes durch Gabriel an Muhammad gegebenen klaren und einheitlichen Glaubenslehre hegen, welche die von den Juden und Christen empfangenen, überlieferten und reflektierten Offenbarungen weiterführt und vollendet. Die Glaubenslehre des Islam – wie die Glaubenslehre der anderen Weltreligionen! – ist das Ergebnis von spirituellen Erfahrungen gläubiger Menschen, die sich über ihren gemeinsamen Glauben informierten, über die Glaubenserfahrungen ihrer religiösen Führer – und auch ihre eigenen – reflektierten und die dabei gewonnenen Erkenntnisse ausformulierten, austauschten und dann systematisierten. Und das Ergebnis sieht verständlicherweise bei verschiedenen Menschen und zu verschiedenen Zeiten relativ verschieden aus. Übereinstimmend sind die gemeinsame Geschichte und Tradition, das gemeinsame Anerkennen und Befolgen von Gesetzen und Lebensregeln und die Akzeptanz einer geistlichen Obrigkeit, welche bei vieldeutigen Koranaussagen eine ganz bestimmte Auslegung anbietet und schwer verständliche oder anderen Aussagen widersprechende Inhalte in eine bestimmte Richtung – und damit zeit- und gruppenbezogen – kommentiert.

»Der Mensch ist auf jeden Fall auf Gott und seine praktische Rechtleitung angewiesen, um leben zu können ..., denn der Mensch ist von sich aus unfähig, den rechten Weg zu finden und auch zu befolgen.« So beschrieb der in Münster lehrende Religionswissenschafter *Adel Theodor Khoury* die Notwendigkeit des Glaubensgehorsams. »Wer sich also mahnen lässt und dem Weg Gottes folgt, wie es im Koran grundgelegt worden ist, erreicht das Ziel seines Lebens und darf die Hoffnung haben, Gottes Wohlwollen zu erlangen. Andernfalls geht der Mensch in die Irre und wird dereinst der Verdammung anheim fallen. ... Sein Gehorsam ist das Merkmal seiner Identität als Muslim.«

Diese Aussagen sind doch einigermaßen ideologisch-kurzschlüssig formuliert und lassen einen »fideistischen« Glaubensbegriff erkennen, der weder ein »Prüfen« noch ein »Hinterfragen« erlaubt, sondern Glauben als rückhaltloses Annehmen und Fürwahrhalten eines ganzen Bündels sakrosankter Aussagen versteht. Die strenge Führung dessen, was Glauben beinhaltet, ist auch den Christen nicht unbekannt. Sie haben diese Gefahr eines »Fürwahrhalte-Glaubens« aber schon sehr früh durchschaut (Paulus forderte z. B. auf, »alles zu prüfen und was gut ist zu behalten«, 1 Thess 5,21) und sind zu einem »Einsicht-Glauben« mündiger Gotteskinder fortgeschritten. Es bleibt dabei natürlich immer fraglich, ob solches Erkenntnisse-Gewinnen-und-Ausformulieren vielen Glaubenswilligen nicht zu schwierig ist und zu hohe Anforderungen an ihr Denk-,

Vorstellungs- und Ausdrucksvermögen stellt, weshalb auch ein »Teilhabe-Glauben« akzeptiert, aber doch immer als vorläufig und unvollkommen deklariert wird.

Muhammad hat dieses Problem offensichtlich schon sehr früh erfahren und darauf mit der Formulierung von Grundpflichten *(arkān)* geantwortet, die jeder Muslime und jede Muslima befolgen kann – wozu auch die generelle »Glaubenspflicht« gehört.

Die »fünf Säulen« (Arkān)

Muhammad soll gesagt haben: *Der Islam ist auf fünf Grundlagen aufgebaut: dem Glaubensbekenntnis, der Gebetsübung, der Almosensteuer, der Pilgerfahrt und dem Fasten im Monat Ramadan.* Diese fünf Forderungen oder Pflichten richten sich seit bald vierzehn Jahrhunderten an jeden Gläubigen. Sie werden schon den Kindern genau erklärt und ermöglichen dem Gläubigen – und seinen Angehörigen, Freunden und Bekannten – eine ständige Überprüfung der Glaubensbereitschaft und des Willens zur Hingabe an den Willen Gottes.

1. Das Glaubensbekenntnis des Islam (Schahāda) ist in den folgenden zwei einfachen Sätzen zusammengefasst: *Ich bekenne, es gibt keinen Gott außer Allah. Ich bezeuge, Muhammad ist der Gesandte Allahs.*

Diese Bekenntnisformel findet sich zwar nicht ausdrücklich im Koran, wohl aber sinngemäß z. B. in Sure 4,135: *Oh ihr, die ihr glaubt, glaubt an Allah, seinen Gesandten, das Buch, das er auf seinen Gesandten herabgesandt hat, und die Schrift, die zuvor herabgekommen ist. Wer nicht an Allah glaubt, seine Engel, die Schriften, seine Gesandten und an den Jüngsten Tag, der ist weit abgeirrt.*

Damit ist das Bekenntnis zum Monotheismus (= Eingottglauben) verbunden, die Bereitschaft, den von Muhammad gewiesenen Glaubensweg zu gehen und den Koran als geoffenbartes Wort Gottes anzuerkennen. Das klingt einfach, ist aber mit vielen Konsequenzen verbunden, die man im Einzelnen erkennen und in die Tat umsetzen muss, um den Anspruch zu erfüllen. Wie schwer das ist und wie wenig die islamischen »Glaubenswächter« selbst diese Worte konsequent umsetzen, erkennt man, wenn man Sure 4,135 genau liest; hier steht nämlich, dass die Muslime die Bibel (= »die Schrift, die zuvor herabgekommen ist«) und die alt- und neutestamentlichen Propheten (= »seine Gesandten«) als Glaubensquelle annehmen sollten und »weit abgeirrt sind«, wenn sie dies nicht tun.

Im Mittelpunkt der islamischen Glaubenslehre steht **Allah,** »der höchste Gott« der Araber vor Muhammad, den dieser schon vor seinen Offenbarungen im Heiligtum der Kaaba verehrt hat – allerdings umgeben von den zahlreichen Stammesfetischen und diversen Göttern wie *Hubal,* die bei der von den Quraisch kontrollierten Wallfahrt und bei den uralten polydämonistischen Riten eine Rolle spielten. Muhammad hatte diese Gottesbeziehung zu Allah längst verinnerlicht, als er im Jahre 610 n. Chr. seine ersten Offenbarungen empfing und lernte, seine Gotteserkenntnis von götzenhaften Vorstellungen zu reinigen. Die folgenden drei Texte aus dem Koran lassen diesen gereinigten, monotheistischen Gottesglauben deutlich erkennen:

Im Namen des barmherzigen und gnädigen Gottes! Sag: Er ist Gott, ein Einziger, Gott durch und durch. Er hat weder gezeugt noch ist er gezeugt worden. Und keiner ist ihm ebenbürtig.

(Sure 112)

Allah ist der eine Gott; außer ihm gibt es keinen Gott. Er ist der aus sich selbst Lebendige, der Ewige. Ihn ergreift nicht Schlaf noch Schlummer. Sein ist, was in den Himmeln, sein, was auf Erden ist. Wer kann bei ihm ohne seinen Willen fürsprechen und vermitteln? Er weiß, was zwischen ihren Händen und hinter ihnen ist, also was ist, war und sein wird. Und die Menschen begreifen von seiner hehren Allwissenheit nur, soweit es ihm gefällt. Über den Himmeln und der Erde steht sein Thron. Herrschaft und Macht sind ihm keine Bürde. Er ist der Erhabene und Mächtige.

Zwingt keinen zum Glauben, da die wahre Lehre vom Irrglauben ja deutlich zu unterscheiden ist. Wer den Götzen Tagut verwirft und an Allah glaubt, ergreift eine Stütze, die nie zerbricht. Er allein hört alles und weiß alles. Allah allein ist Schirmherr der Gläubigen; er führt sie aus der Finsternis ins Licht. Der Ungläubigen Beschützer aber ist Tagut; er führt sie aus dem Licht in die Finsternis. Sie gehören zur Gesellschaft, die im Höllenfeuer wohnen wird; und darin werden sie bleiben.

(Sure 2,256–258)

Im Namen Allahs, des Allbarmherzigen. Was in den Himmeln und was auf Erden ist, preist Allah; denn er ist der Allmächtige und der Allweise. Ihm gehört das Reich der Himmel und der Erde, er belebt und tötet und ist aller Dinge mächtig. Er ist der Erste und Letzte, der Sichtbare und Verborgene, und er kennt alle Dinge. Er ist es, der die Himmel und die Erde in sechs Tagen erschaffen hat und sich dann auf den Thron niederließ. Er kennt, was in die Erde eingeht und was aus ihr hervorgeht, was von den Himmeln herabkommt und was zu diesen aufsteigt, und er ist bei euch, wo ihr auch sein mögt: Allah sieht, was ihr tut. Ihm gehört das Reich der Himmel und der Erde, und zu Allah kehren alle Dinge zurück. Er lässt die Nacht auf den Tag und den Tag auf die Nacht folgen, und er kennt das Innerste der menschlichen Brust. Glaubt daher an Allah und an seinen Gesandten und gebt Almosen von dem, was er euch hat erben lassen; denn die von euch, welche glauben und Almosen geben, erhalten großen Lohn. Er ist es, der seinem Diener deutliche Zeichen herabgesandt hat, damit er euch aus der Finsternis in das Licht führe; Allah ist fürwahr huldvoll und barmherzig gegen euch.

(Sure 57,1–10)

Diese drei Texte enthalten die entscheidenden Inhalte des islamischen Monotheismus. Obwohl sie Aussagen beinhalten, die andere Religionen kritisieren – »er hat nicht gezeugt« richtet sich gegen das Christentum; die Nennung des »Götzen Tagut« gegen den altarabischen Polydämonismus und damit gegen jede Form von Polytheismus –, sind sie doch geeignet, auch den Gottesglauben von Juden oder Christen, ja sogar den Hochgottglauben alter und ältester Religionen zum Ausdruck zu bringen.

Das oftmalige Rezitieren des Glaubensbekenntnisses in ehrlicher Absicht *(niyya)* stärkt den Glauben und die Hingabe an Gott und den eingeschlagenen Glaubensweg.

Ein Muslim glaubt demnach, dass es viele von Gott gesandte Propheten vor Muhammad gegeben hat: von Adam über Noach, Abraham, die Patriarchen bis Moses, David, Salomon und Jesus. Sie alle werden geachtet, aber Muhammad gilt als der letzte und endgültige Offenbarer; danach kommt nur noch das »Jüngste Gericht«. Daher wird Muhammad »das Siegel der Propheten« *(hātam an-nabīyīn)* genannt.

Interessant ist auch im dritten Text die direkte Überleitung zum »Almosengeben«, der dritten Säule: Glaube muss zur konkreten Tat werden und soll die Huld und Barmherzigkeit Gottes spiegeln. Damit werden wir uns noch genauer beschäftigen.

»Der Übertritt zum Islam ist an sich ein formloser Akt; das Aussprechen des Glaubensbekenntnisses in ehrlicher Absicht genügt. Als Muslim gilt, wer sich wie ein Muslim verhält. Allerdings gilt der Abfall *(irtidād)* vom Islam zu einer anderen Religion als nicht zulässig. Nach dem traditionellen religiösen Recht ist der Abtrünnige *(murtadd)* dem Tod verfallen, wenn er sich Ermahnungen zur Rückkehr verschließt. Diese traditionelle Vorstellung kollidiert mit dem modernen Grundsatz der Religionsfreiheit, die in vielen nahöstlichen Staaten (Ausnahmen: Iran, Sudan, Pakistan) in die Verfassung aufgenommen ist.« (Heinz Halm)

2. Das tägliche Ritualgebet (Salāt) besteht nicht aus einem gesprochenen (oder gedachten) Text, sondern aus einer Abfolge von Körperhaltungen (Stehen, Rumpfbeugen, Knien, Berühren des Bodens mit der Stirn). Bei jedem der täglichen fünf Gebete – die auf die Praxis Muhammads zurückgehen – wird eine wechselnde Anzahl solcher Beugungen *(rak'a)* vollzogen: beim Morgengrauen *(fadschr)* 2, zu Mittag *(zuhr)* 4, am Nachmittag *(asr)* 4, bei Sonnenuntergang *(madschrib)* 3, am späten Abend *(isā)* 4 Einheiten. Jede dieser Einheiten besteht aus folgenden Elementen:

Weihezustand: Der Betende stellt sich in Richtung Mekka und formuliert seine Absicht mit den Worten »Gott ist größer«.

Rezitation eines Lobgebets: »Preis sei dir, mein Gott, und Lob sei dir! Gebenedeit sei dein Name, und erhaben sei deine Herrlichkeit! Es gibt keinen Gott außer dir. Ich suche Zuflucht bei Gott vor dem gesteinigten Satan«. Darauf folgt 1. Sure des Koran *(al-Fātiha):* »Im Namen Gottes, des Erbarmers, des Barmherzigen. Lob sei Gott, dem Herrn der Welten, dem Erbarmer, dem Barmherzigen, der Verfügungsgewalt besitzt über den Tag des Gerichts! Dir dienen wir und dich bitten wir um Hilfe. Führe uns den geraden Weg, den Weg derer, die du begnadet hast, die nicht dem Zorn verfallen und nicht irre gehen. Amen.« Darauf werden beliebig einige Koranverse rezitiert (z. B. 112,1–4; 2,255; 24,35; 59,19–24).

Verbeugung: Der Beter verbeugt sich, legt die Hände auf seine Knie und spricht: »Gott ist größer«, dann dreimal: »Preis sei meinem Herrn, dem Majestätischen!« Dann richtet er sich auf und sagt: »Gott erhört den, der ihn lobt.« Und: »Gott, unser Herr, Lob sei dir!«

Prostration: Als Zeichen seiner Hingabe kniet der Beter nieder, legt seine Stirn auf den Boden und spricht: »Gott ist größer« und dreimal: »Preis sei meinem Herrn, dem Höchsten«. Dann setzt er sich auf die Fersen und spricht: »Gott ist größer! Mein Gott, vergib mir, erbarme dich meiner, leite mich recht, bewahre mich und gib mir meinen Lebensunterhalt« Darauf wiederholt er die Prostration mit den entsprechenden Haltungen und Gebeten. Damit endet die erste Einheit (sie wird 2–4 mal wiederholt).

Bezeugungsgebet: »Gott gehören die Ehrerweise, die Gebete und die guten Werke. Der Friede sei über dir, o Prophet, und die Barmherzigkeit Gottes und seine Segnungen. Der Friede sei über uns und über den tugendhaften Dienern Gottes! Ich bezeuge, es gibt keinen Gott außer Gott; und ich bezeuge, Muhammad ist der Gesandte Gottes.«

Gebetsschluss: Jeder Beter richtet einen Gruß nach rechts und nach links und spricht dabei: »Der Friede sei über euch und die Barmherzigkeit Gottes!«

An Orten mit einer größeren Gemeinde und einer Moschee ruft zu den festgesetzten Zeiten der Muezzin vom Minarett der Moschee aus zum Gebet. Vor jedem Gebet ist eine rituelle Waschung *(wudū)* vorgeschrieben – nicht aus hygienischen Gründen, sondern als symbolischer Akt der Reinigung des Menschen, der vor Gott hintritt. Die Teilwaschung wird folgendermaßen vollzogen:

Der Muslim fasst innerlich die Absicht, sich zu reinigen.

Er spricht die *basmala:* »Im Namen Gottes, des Erbarmers, des Barmherzigen«.

Er wäscht die Hände und reinigt die Zähne.

Er spült den Mund aus, zieht Wasser aus der rechten Hand in die Nase und lässt es in die linke Hand zurückfließen.

Er wäscht sich das Gesicht vom Haaransatz bis zum Kinn und von einem Ohr zum anderen.

Er streicht sich über den Kopf und die Ohren (außen und innen), bis zum Hinterkopf und wieder zurück.

Er wäscht sich die Füße bis zu den Knöcheln, auch die Haut zwischen den Zehen, zuerst den rechten, dann den linken, dann reibt er beide Füße trocken.

Wer es sorgfältiger machen will, vollzieht die Handlungen dreimal.

Das Gebet kann überall vollzogen werden. Der vorgeschriebenen »Reinheit des Bodens« kommt man durch Verwendung eines »Gebetsteppichs« (sadschāda) nach.

Man soll nach Möglichkeit gemeinsam beten, am besten in einer »Moschee« (= wörtlich: Stätte des Niederwerfens), die auch als Ort der Zusammenkunft, des Lehrens usw., nicht aber als »geweihter« Ort (wie christliche Kirchen oder Tempel) betrachtet wird. Das Ausziehen der Schuhe bezieht sich auf die »Reinheit« des Bodens. Wie das Judentum kennt auch der Islam keine Trennung zwischen Weltlichem und Geistlichem; dafür ist der Alltag der Muslime – wie der der Juden! – stärker als im Christentum von sehr konkreten, auf göttlichen Willen zurückgeführten Vorschriften geprägt.

Beim Gebet soll man in Richtung der Kaaba in Mekka (qibla) schauen. Deshalb sind die Moscheen nach Mekka ausgerichtet und enthalten eine leere Nische (mihrāb), die an die Gegenwart des Propheten erinnert, und eine Kanzel (minbar), von der aus die Freitagspredigt gehalten wird. Sie sind als Versammlungsplatz grundsätzlich unmöbliert und werden auch als Unterrichtshallen, Ruheorte usw. genutzt.

Das Gebet ist ein Ausdruck des Glaubens. Der Islam kennt außer dem **rituellen Pflichtgebet** (salāt) auch das **private Gebet** (du'ā) und das **mystische Gebet,** z. B. die Anrufung der Namen Gottes (dhikr) und **Gemeinschaftsgebete** am Freitagmittag (dem islamischen Feiertag) in der Moschee, dann zur Feier des Festes der Fastenbrechung am Ende des Monats Ramadan und zur Feier des Opferfestes (zum Schluss der alljährlichen Wallfahrt nach Mekka), sowie anlässlich des Todes eines Gläubigen oder in Kriegszeiten bzw. bei großer Dürre usw.

Vor den Gemeinschaftsgebeten findet meist eine feierliche

Rezitation des Korans statt. Dies dient der Meditation und soll zur tieferen Ergebung in den Willen Gottes führen. Einen ähnlichen Zweck erfüllt die Ansprache *(hutba)* am Freitag.

3. Das Ramadān-Fasten (Saum) ist ein Pflichtfasten für alle erwachsenen Gläubigen. Befreit sind Kranke, menstruierende, schwangere oder stillende Frauen, Altersschwache und Reisende, doch wird ihnen nahe gelegt, versäumte Fasttage nachzuholen und darüber hinaus Sühne zu leisten (Almosen). Da der Monat Ramadān – er ist der neunte Monat im islamischen Mondkalender – im Laufe von 33 Jahren alle Jahreszeiten durchläuft, ist das Fasten durch die wechselnde Länge der Tage eine mehr oder minder schwere Belastung. Es besteht darin, sich von der Morgendämmerung bis zum Sonnenuntergang aller Speisen und Getränke zu enthalten – und auch von allem, was dem gleich kommt oder ähnlich ist (ausdrücklich angeführt wird Rauchen und Geschlechtsverkehr).

Der Gläubige muss seine Absicht zu fasten jeden Tag vor Tagesanbruch formulieren und nach Möglichkeit auch verschiedene Tugendübungen beachten: Zügelung der Augen, der Ohren, der Zunge, des Bewegungsdranges. Das Fasten dient dann der Heiligung, wenn der Gläubige es ausdrücklich zu diesem Zweck durchführt, um Geduld, Selbstbeherrschung und den Willen zur Überwindung aller Schwierigkeiten des Lebens zu stärken. Er erwartet sich davon eine Erhöhung der geistigen Kräfte und der Ergebung in den Willen Gottes.

Oft kommt es im Monat Ramadān zu Versöhnungen und besonderen Dienstleistungen an den Armen. Beim dreitägigen Fest der **Fastenbrechung** *(id al-fitr)* am Ende des Ramadān (türkisch: *Ramazan*) ist ein größeres Geldopfer üblich (was man sich durch das Fasten erspart hat!) Letzteres wird als eine Glaubenspflicht verstanden und freiwillig über die gesetzlich vorgeschriebene »Abgabe« hinaus geleistet. Dieser Monat ist für die Muslime eine besondere Gnadenzeit. Dies wird z. B. aus den folgenden Überlieferungen des Al-Buchari deutlich:

Wer im Ramadān fastet aus Glauben und Hoffnung auf den Lohn, dem wird vergeben, was er vorher an Sünden begangen hat. ... Wenn jemand im Ramadān eine Pflicht erfüllt, gleicht dies siebzig in anderen Monaten erfüllten Pflichten. Er ist der Monat der Geduld, und der Lohn der Geduld ist das Paradies. Er ist der Monat der Versöhnung, er ist der Monat, in dem der Lebensunterhalt der Gläubigen sich mehrt. Er ist ein Monat, dessen Beginn Barmherzigkeit, dessen Mitte Vergebung und dessen Ende Befreiung vom Höllenfeuer ist.

Die Einhaltung dieses Fastens ist für Muslime, die in einem nicht-muslimischen Land leben und sich an den Rhythmus der modernen Arbeitswelt anpassen müssen, schwieriger zu erfüllen als in einer islamisch geprägten Gesellschaft. Wegen des stark familiären und gemeinschaftsfördernden Charakters wird das Ramadān-Fasten oft auch von solchen Muslimen eingehalten, die andere religiöse Pflichten eher lax erfüllen.

4. Die gesetzliche Abgabe oder Armensteuer (Zakāt) ist »der Beitrag der Gläubigen zur Finanzierung der Aufgaben, die der solidaren Gemeinschaft der Muslime und dem islamischen Staat im allgemeinen auferlegt sind«. (A. Th. Khoury) Diese Beiträge gehen zu einem guten Teil an »Arme«, d. h. sie dienen der Erfüllung der sozialen und karitativen Aufgaben der Gemeinschaft *(umma)* und schaffen eine regelmäßige Basis, die durch die freiwilligen Almosen und Spenden aufgefüllt wird. Darin äußert sich die Stammesmentalität der Frühzeit, die Muhammad aufgegriffen hat, wenn er alle Muslime als Brüder und Schwestern versteht, die auf Gedeih und Verderb füreinander einstehen.

Die Höhe der gesetzlichen Abgabe wird je nach dem Vermögen des Einzelnen festgesetzt, so dass vor allem die Vermögenden zum Unterhalt der Bedürftigen beitragen. Darin ist wohl noch die Urform des islamischen Steuerwesens zu erkennen, weil der Koran jene Gläubigen lobt, die den Armen »ein bestimmtes Recht auf ihr Vermögen einräumen« (51, 19). Die islamischen Rechtsgelehrten haben ein kompliziertes System der Berechnung und Einschätzung ausgearbeitet, dessen Basis eine Art »Freibetrag« *(nisāb)* ist, der unversteuert bleibt: In der Frühzeit lag er bei »fünf Kamelen oder 20 Rindern oder 40 Stück Kleinvieh. Ab diesem Bestand wurde die Abgabe festgesetzt: ein Schaf für fünf Kamele, ein Kamel für 25 Kamele. Bauern hatten von natürlich bewässertem Boden ein Zehntel, bei künstlich bewässertem ein Zwanzigstel des Ernteertrags abzuliefern. Grundbesitz wurde im Prinzip mit einem Zehntel *(uschr)* besteuert; bei Einkommen in Geld ging man von einem Freibetrag von 20 Golddinar bzw. 200 Silberdirham aus und besteuerte dann mit 2,5 Prozent. Dieser Satz gilt auch heute noch als Richtwert.« (A. Th. Khoury)

Da die meisten modernen Staaten die Zakāt nicht mehr auf gesetzlicher Basis einheben, muss sie der einzelne Gläubige, um seiner religiösen Pflicht nachzukommen, in Form einer freiwilligen Spende an religiöse Institutionen oder direkt Bedürftige geben. Dies ist in den meisten Ländern bestens organisiert, so dass der ursprüngliche Sinn gut gewahrt bleibt.

Der arabische Name Zakāt heißt »Läuterung« und lässt die dahinter stehende religiöse Vorstellung erkennen: Diesseitiger Besitz und Erwerb sind im Grunde etwas Unreines, von dem der Besitzende sich zu läutern hat; er tut dies am besten, indem er den Nichtbesitzenden hilft. Hier wird auch deutlich, dass es bei der muslimischen Frömmigkeit nicht nur um die Beziehung des Einzelnen zu Gott geht, sondern auch um die Verantwortlichkeit gegenüber dem Nächsten. Die Parallele zum Judentum und Christentum (vgl. das Liebesgebot Jesu in Mt 22,37 und Dtn 6,5) ist deutlich erkennbar.

Zeitgenössische Rechtsgelehrte befürworten seit längerem »eine Ausweitung der Zakāt-Quellen, indem sie von der Tatsache ausgehen, dass sich im Laufe der Zeit viele neue Einnahmequellen und Reichtümer herausgebildet haben, die es in der Zeit des Propheten noch nicht gab (bzw. heute nicht mehr gibt), d. h. Neuinterpretation der Texte und Neuformulierung der Bestimmungen durch eine zeitgerechte Deutung der Rechtsquellen, z. B. der Besitz von Fabriken, Löhne und Gehälter, Aktienbesitz oder industrielle Rohstoffe.« (K. Prenner) Ein weiteres Problem stellt das Zinsverbot *(riba)* des Koran dar, das sehr oft mit allerlei Tricks umgangen wurde und wird und einer behutsamen, aber gründlichen Reform bzw. Weiterentwicklung der islamischen Wirtschaftsethik bedürfte.

5. Die Wallfahrt nach Mekka (Hadsch) ist vorislamischen Ursprungs und wurde von Muhammad im Grunde nicht angetastet, sondern nur von ihren polydämonistischen Elementen befreit. Der Koran geht davon aus, dass Abraham und Ismael die Kaaba gebaut bzw. für die monotheistische Gottesverehrung gereinigt haben. In der 3. Sure (V. 95–97) gibt er eine Begründung für das Ritual:

> Sag: Gott hat die Wahrheit gesagt: Darum folgt der Religion Abrahams, eines Gottsuchers (hanif) – er war kein Heide! Das erste Gotteshaus, das den Menschen ausgestellt worden ist, ist dasjenige in Bekka (Mekka), aufgestellt zum Segen und zur Rechtleitung für die Menschen in aller Welt. In ihm liegen klare Zeichen vor. Es ist der heilige Platz Abrahams. Wer ihn betritt, ist in Sicherheit. Und die Menschen sind Gott gegenüber verpflichtet, die Wallfahrt nach dem Haus zu machen – soweit sie dazu eine Möglichkeit finden.

Ziel der Wallfahrt ist die »Heilige Moschee«, deren Mittelpunkt die Kaaba bildet, ein etwa 15 Meter hoher Würfel, aus dunklem Vulkangestein gemauert, mit einem schwarzen, kostbaren Tuch verhüllt, der einen einzigen, jetzt leeren, fensterlosen Raum umschließt. In seine östliche Kante ist ein Meteorit in silberner Fassung eingemauert.

Ehe die Pilger den geheiligten Bezirk von Mekka *(haram)* betreten, müssen sie in den Zustand der »rituellen Weihe« *(ihram)* eintreten – symbolisiert durch weiße Leinengewänder und begleitet vom unzählige Male wiederholten **Pilgergebet:**

> Hier bin ich, o Allah, hier bin ich.
> Hier bin ich, du hast keinen Mitgott, hier bin ich.
> Alles Lob und alle Huld sind dein und alle Herrschaft.
> Du hast keinen Mitgott.

Wie dieses Gebet erkennen lässt, stehen im Zentrum der Pilgerfahrt der Eingottglaube und die überwältigende Erfahrung der Umma durch das Zusammenströmen von Millionen Muslimen aus aller Welt.

Die Wallfahrt besteht aus einer Reihe von Ritualen, die in und um Mekka stattfinden. Der Pilger beginnt mit einem siebenmaligen Umlaufen der Kaaba, wobei diese immer zu seiner Linken bleibt und er entweder den schwarzen Stein küssen oder doch aus der Nähe auf ihn zeigen soll. Dann trinkt der Pilger aus dem Zamzam-Brunnen und läuft darauf dreimal eilig zwischen den zwei Hügeln Safā und Marwa hin und her – zum Gedächtnis an die vergebliche Wassersuche Hagars. Diese Strecke ist mittlerweile längst mit einer klimatisierten Galerie versehen, sodass man die insgesamt 3,5 Kilometer relativ leicht bewältigt.

Bis hierher ist es die »kleine Wallfahrt« *(umra)*, die man zu jeder Zeit machen kann.

Wer sich dagegen auf der »großen Wallfahrt« befindet, die nur im 10. Monat des islamischen Kalenders stattfinden kann und zu den fünf Säulen gehört und die man zumindest einmal im Leben absolvieren soll, schließt sich einer der Pilgergruppen an, die zum elf Kilometer entfernten Berg Arafat ziehen. Er muss den Ort spätestens vor Sonnenaufgang des 9. Tages im Monat Dhu'l-Hidscha erreichen, am sogenannten »Tag von Arafat«. Bedenkt man, dass jährlich bis zu zwei Millionen Muslime diese Hadsch-Pflicht erfüllen, kann man sich vorstellen, welche organisatorischen Probleme zu bewältigen sind.

Mittagsgebet vor der Moschee des Propheten in Medina

Bei Sonnenaufgang sieht man im Tal vor dem Berg – wo sich der Legende folgend Adam und Eva nach ihrer Vertreibung aus dem Paradies getroffen haben – eine riesige Zeltstadt, in der die Pilger den Tag in Andacht und Gebet verbringen. Zum Dschabal al-Rahma (= Berg der Gnade), wo Muhammad im Jahr 632 seine berühmte letzte Predigt gehalten hat, kommen aber bei weitem nicht alle. Bei Sonnenuntergang begeben sich alle Pilger im Laufschritt *(ifada = Ansturm)* nach Musdalifa – einer Stelle zwischen Arafat und Mekka –, um dort symbolisch den Scheitan (= Satan) zu steinigen, indem sie drei dort aufgestellte Säulen *(dschamarat)* mit Steinen bewerfen. Es ist ein vorislamisches Ritual ohne Hinweis im Koran.

In der Ebene Arafat soll man bis zum Id al-Adha (= 10. Tag im Dhu'l-Hidscha und letzter Tag der Hadsch) ausharren, denn dann zieht man in die Stadt Mina – den Ort der Opferung des Isaak durch Abraham –, um das **Opfer-Fest,** das größte Fest des Islam, zu feiern. Das Opfer-Fest wird an diesem Tag überall in der islamischen Welt begangen, so dass es für jeden Muslim Jahr für Jahr sowohl ein eindrucksvolles Gemeinschaftserlebnis wie eine Erinnerung an die eigene Hadsch ist.

Als Abschluss kehrt man nach Mekka zurück, lässt sich die Haare scheren oder stutzen und unternimmt einen abschließenden siebenfachen Umlauf um die Kaaba. Damit ist der Weihezustand aufgehoben und die offizielle Pflichtwallfahrt beendet. Manche Pilger bleiben dann noch ein paar Tage zu privater Andacht in Mekka oder besuchen auf der Heimreise das Grab des Propheten in Medina oder in Jerusalem die Al-Aksa-Moschee und den Felsendom.

Die Gotteslehre

Der Glaube an Allah und die unbedingte Hingabe an seinen Willen bilden das Zentrum des Islam. Die Sprache, in der im Koran über das Wesen Gottes gehandelt wird, steht der biblischen Sprache sehr nahe und lässt auch deutlich das altorientalische Weltbild erkennen. Folgende Schwerpunkte seien hervorgehoben:

Gott ist der Schöpfer: Allah hat Himmel und Erde aus einer gestaltlosen Masse durch Trennung gebildet (21,30), er hat auch die Elemente abgetrennt und ins eigene Dasein gerufen (21,56). Die Erde hat er in zwei Tagen ausgestaltet (41,9f.). Der Himmel war Rauch und wurde von Gott zu einer wohlbehüteten Decke (21,32), zu einem riesigen Zelt ohne Stützen gespannt (13,2) und in sieben festen Schichten aufgebaut (78,12); all dies wurde von Gott in den Dienst der Menschen gestellt (20,53ff.; 16,79ff.; 27,60ff.), die daher vor allen anderen Geschöpfen ausgezeichnet sind (17,70).

Gott schuf drei Arten von Geschöpfen, unter denen er die Welt aufteilte:

Aus Licht schuf Gott die Engel, die deshalb für die meisten Menschen unsichtbar sind; alles, was man über sie weiß, stammt aus der Offenbarung: sie sind zahllos, können an jedem Ort erscheinen, zeichnen alle Worte und Taten der Menschen auf und präsentieren ihnen dies als Zeugen am Tag des Gerichts. Sie sind Boten Gottes, Vermittler seines Willens und des Bewusstseins aller Propheten. Der größte unter ihnen ist **Gabriel,** der Muhammad »die letzte Offenbarung« enthüllte (im Koran zusammengefasst). Sie verfügen über keinen freien Willen, können deshalb nicht sündigen. Trotzdem gab es eine Rebellion eines Teils der Engel, als Gott die Menschen mit freiem Willen schuf und ihnen die Erde anvertraute. Der Anführer der rebellischen Engel war **Iblis.** Das Paradies war ihnen von da an verschlossen, und sie wurden Dämonen. Der darin liegende Widerspruch, dass über keine Freiheit Verfügende sündigen können, wird gewöhnlich als Mysterium Gottes deklariert.

Aus Feuer schuf Gott die Dschinn, Geister der Wüste, die den Menschen befallen, verwirren und schädigen können – zu ihnen gesellten sich die gefallenen Engel unter der Führung von Iblis, welche die Menschen versuchen und ebenfalls zur Rebellion gegen Gott verleiten wollen.

Aus Wasser und Erde schuf Gott die Menschen – aus Spermatropfen (16,3; 22,5 u. ö.) –, die sich deshalb auch deutlich von Engeln und Dschinn unterscheiden. Der Mensch ist als hohes und edles Wesen geschaffen, das zwar von Gott abhängig ist, aber seinen Weg selbst wählen und gehen kann. Der Mensch ist versuchbar. Und *Adam* war der erste, der sich gegen den Willen Gottes entschied und die schwere Sünde des Abfalls *(schirk)* beging. Dadurch verlor er das hohe Wissen um das sittliche Universum und seine Erschaffung. Doch Gott vergab ihm und wies ihm den Weg der Unterwerfung und Hingabe *(islam)* zur Heimkehr in das Paradies. Gegen Iblis und seinen Anhang führt der Mensch den **Dschihad** (= Heiliger Krieg). Die Weisungen des Koran und der **Scharīa** (= Religionsgesetz) helfen den Menschen, sich von ihrer Selbstvergessenheit und Egozentrik zu befreien, sich auf die Seite Allahs zu schlagen und möglichst vielen Mitmenschen zu helfen, auch diesen Weg zu gehen – nicht zuletzt geschieht diese Hilfe durch soziale Dienstleistungen.

Gott begleitet die Geschöpfe mit seiner Vorsehung: Gott hat die Schöpfung nicht ihrem Schicksal überlassen, sondern kümmert sich um die Menschen, erweist ihnen Gnade, lässt Barmherzigkeit walten und hilft ihnen aus ihrer Bedrängnis. Die Welt hat in sich gar keine Beständigkeit – sie hat sich in Wirklichkeit auch gar nicht als etwas Eigenständiges etabliert –, sondern sie wird je und je von Gott durch seine Schöpferkraft im Dasein gehalten. Deshalb gibt es außerhalb dieser unablässigen Schaffung und Erhaltung Gottes keine gewissermaßen »automatische Kausalität«, weil ja er allein der Wirkmächtige ist (56,71f).

Da der Mensch zwar die Freiheit als auszeichnendes Geschenk vom Schöpfer mitbekommen hat, aber nicht Herr seiner selbst ist, sondern Diener Gottes, in allem von ihm abhängig, hat seine Freiheit Grenzen, ist sein Leben von Gott vorherbestimmt, hat er seinem Schicksal *(kismet)* zu folgen.

Das Wesen des Schicksals: Ein Mensch kam eines Tages zum Kalifen Ali und fragte ihn, ob er ihm erklären könne, was denn das Schicksal sei. Ali hieß nun den Mann auf einem Fuß stehen, und dieser gehorchte ihm sofort. Dann befahl ihm Ali, auch das zweite Bein zu heben, ohne dabei das erste wieder auf den Boden zu setzen. Der Mann erwiderte jedoch, dass er dies nicht machen könne. Da sagte Ali: »Daraus erkennst du das Wesen des Schicksals! Es gibt Dinge, die der Mensch nach dem Willen Gottes tun kann; andere wiederum sind ihm, ebenfalls nach dem Willen Gottes, verwehrt.« (Hadith)

Dieses Verständnis des Schicksals als Ausdruck der Vorsehung Gottes für seine Geschöpfe setzt voraus, dass alle Ereignisse Teil des vorauswissenden Planes Gottes sind und zum Guten des Menschen geschehen, auch wenn dieser es (noch) nicht versteht. Aus dieser Zuversicht *(insch'allah* = wie Gott will) schöpfen die Muslime starke Willenskraft, alle Schwierigkeiten und Unbill des Lebens geduldig zu ertragen, und sie verstehen es als Prüfung ihrer Hingabe.

Missverständnisse der Vorsehung als Vorherbestimmung in Richtung der calvinistischen Prädestination entstehen, wenn vergessen wird, dass der allmächtige Gott zwar in allem das Gute des Menschen will, dass aber schlechte Taten des Menschen ihre Folgen nach sich ziehen.

Gott ist allmächtig: Er allein gibt und nimmt das Leben (40,68), so bestimmt er auch das Schicksal des Menschen (9,51). Doch nur das Gute kommt von Gott, das Böse vom Menschen selber (4,79). So soll sich jeder bemühen, die Gebote und Verbote Gottes zu beachten und sich für das Gute und gegen das Böse zu entscheiden. Der Koran lehrt sowohl die Vorherbestimmung als auch die Freiheit des Menschen, daher darf man keine absolute Prädestination daraus ableiten, die dem Menschen die Verantwortung für seine Taten oder Unterlassungen abnimmt, sondern muss alles in einem Gleichgewicht befindlich sehen.

Gott ist auch der Herr über den Teufel: Der Teufel ist der Feind der Gläubigen und der Widersacher Gottes, der sich seinem Willen nicht unterwerfen will (20,116). Er ist der Versucher der Menschen und lauert ihnen auf (7,16f), er verführt sie zu bösen Taten, die sie aber selbst verantworten müssen. So steht Satan im Dienst Gottes, der den Menschen auf die Probe stellt und läutern möchte (21,35).

Gott ist der Richter: Gott ist nicht nur Schöpfer und Begleiter, sondern auch Richter, der am Ende der Zeiten Rechenschaft fordert. Muhammad war tief erschüttert vom Gedanken an das nahe bevorstehende Gericht (54,1; 53,57f.). Doch er vertraute auf die Sicherheit des Glaubens und der Freundschaft Allahs denen gegenüber, die seinen Willen tun (3,68; 18,44). Der »Jüngste Tag« steht dem Verfasser des Koran stets vor Augen und erfüllt sein ganzes Denken – wie die zahllosen Stellen beweisen, in denen dieses Gericht und die »Letzten Dinge« thematisch werden. Ein gutes Beispiel unter vielen ist die Sure 82, genannt »Die Zerspaltung«:

Im Namen Allahs, des Allbarmherzigen. Wenn die Himmel die Zerspaltung zeigen, die Sterne sich zerstreuen, die Meere sich vermischen, auch die Gräber sich leerend umkehren, dann wird jede Seele wissen, was sie getan und was sie versäumt hat. O Mensch, wer hat dich von deinem hochsinnigen Herrn abwendig gemacht, der dich erschaffen, gebildet und geformt hat. In die Form, die ihm beliebte, fügt er dich. Fürwahr und doch leugnet ihr das Gericht. Aber siehe, verehrungswürdige Wächter sind über euch gesetzt, die alles niederschreiben und die wissen, was ihr tut. Die Gerechten werden in das wonnevolle Paradies kommen, die Missetäter aber in die Hölle. Am Tage des Gerichtes werden sie hineingeworfen, um zu brennen, und nie werden sie von dort entrinnen dürfen. ... An diesem Tag vermag keine Seele etwas für eine andere zu tun; denn Allah hat die Herrschaft an diesem Tag.

Zwei Engel – Munkat und Nakir – urteilen über jeden Menschen, wenn sein Körper bestattet wird. Ungläubige und muslimische Sünder werden »die Qualen des Grabes« erleiden, während die Propheten und Märtyrer unmittelbar in den Himmel eingehen. Die Seelen der Menschen werden über eine Brücke gehen, die so eng ist wie die Schneide eines Messers, und sich über das Feuer der Hölle spannt, in das die Schlechten fallen, während die Guten, mit der Hilfe des Propheten, unversehrt ins Paradies eingehen. Die Hölle ist ein Tal voll Rauch, in dem die Verdammten unter ewigem Hunger, Brand und Ketten leiden. Sie werden mit siedendem Wasser und den Früchten des fluchbeladenen *zaggum*-Baums gespeist, die Dämonenköpfen gleichen und wie geschmolzenes Messing empfunden werden. Die Glückseligen dagegen erfreuen sich der höchsten Freuden des Geistes und auch körperlicher Freuden, die ihnen die geheimnisvollen Huris, 72 Jungfrauen des Paradieses, vermitteln.

Gott ist der Transzendente: Der Islam bekennt sich mit einer geradezu eifersüchtigen Entschiedenheit zur Transzendenz (= über alles Begreifen hinausreichend) Gottes. Von Muhammad wird folgender Ausspruch überliefert: »Wie das Auge, das in die Sonne sieht, durch Finsternis an der Beobachtung gehindert wird, so der Verstand beim Versuch, in die Natur Gottes einzudringen.« Und der Koran formuliert: »Auch wenn Gott sich erkennen lässt, bleibt er verborgen.« (57,3). Aus diesem Grund gibt es im Islam ein entschiedenes Bilderverbot. Dieses Problem wurde vor allem auch in der islamischen Mystik aufgegriffen und kann verstandesmäßig nicht gelöst werden.

Gott ist der Einzige und Eine: Der strenge Monotheismus des Islam wendet sich nicht nur gegen Polytheisten, sondern auch gegen die Christen, denen er ein falsches, überzogenes Verständnis Jesu und Marias vorwirft. Für sie ist Jesus, der Sohn Marias, ein begnadeter Mensch und nicht Gottes Sohn oder menschgewordener Gott. Und die Lehre über die Dreifaltigkeit ist ein Glaube an drei Götter (4,171f.). Ihr stellt er die sozusagen monolithische »Einzigkeit« Gottes nach außen – und die »Einheit« Gottes nach innen entgegen. Gott »spaltet« sich nicht in mehrere Eigenschaften auf. Damit steht die islamische Theologie aber im Gegensatz zum Koran und zur Tradition, die Gott 99 Eigenschaften zuschreibt, welche der Koran »die schönsten Namen« nennt (59,24; 7,180). Fromme Muslime rezitieren sie mit Hilfe eines Rosenkranzes mit 33 Perlen und einer großen Perle für Allah:

GOTT
Der Erbarmer, der Barmherzige.
Der König, der Heilige, der Inbegriff des Friedens.
Der Stifter der Sicherheit, der alles fest in der Hand hat.
Der Gewaltige, der Stolze.
Der Schöpfer, der Erschaffer, der Bildner. (59,22)
Der voller Vergebung ist. (38,66)
Der bezwingende Macht besitzt. (12,39)
Der Freigebige (3,8), der Unterhalt beschert. (51,58)
Der wahrhaft richtet, der Bescheid weiß. (34,26)
Der bemessen zuteilt, der großzügig zuteilt. (2,245)
Der niedrig macht, der erhöht. (56,3)
Der Macht verleiht, der erniedrigt. (3,26)
Der alles hört, der alles sieht. (17,1)
Der Richter, der Gerechte.
Der Feinfühlige, der Kenntnis von allem hat. (6,103)
Der Langmütige (3,105)
Der Majestätische. (2,255)
Der voller Vergebung ist, der sich erkenntlich zeigt. (42,11)
Der Hocherhabene, der Große.
Der Hüter (11,57), der alles umsorgt, überwacht (4,85) und abrechnet.(4,6)
Der Erhabene, der Ehrwürdige. (55,27)
Der Wächter, der bereit ist zu erhören. (11,61)
Der alles umfasst, der Weise. (4,130)
Der Liebevolle (11,90), der der Ehre würdig ist. (11,73)
Der wiedererweckt.
Der Zeuge, der Wahrhaftige, der Sachwalter.

Der Starke, der Feste.
Der Freund, der des Lobes würdig ist, der (alles) erfasst.
Der (die Schöpfung) am Anfang macht und sie wiederholt.
(85,13)
    Der lebendig macht, der sterben lässt. (3,156)
    Der Lebendige, der Beständige. (3,2)
    Der ins Dasein ruft, der Hochgelobte.
    Der Eine, der Undurchdringliche. (112,2)
    Der Mächtige, der Allmächtige.
    Der (die Dinge) vorausschickt, der (sie) zurückstellt.
    Der Erste, der Letzte, der Sichtbare, der Verborgene. (57,3)
    Der Schutzherr. (13.11)
    Der Transzendente. (13,9)
    Der Gütige.
    Der sich gnädig zuwendet. (2,37)
    Der sich rächt. (32,22)
    Der voller Verzeihung ist. (4,43)
    Der über die Königsherrschaft verfügt. (3,26)
    Der Erhabenheit und Ehrwürdigkeit besitzt. (55,27)
    Der gerecht handelt, der versammelt.
    Der auf niemanden angewiesen ist (2,263), der reich macht.
    Der (die Dinge) abwehrt und Schutz gewährt.
    Der Schaden bringt, der Nutzen bringt.
    Das Licht; der recht leitet.
    Der Schöpfer ohnegleichen. (2,117)
    Der Bestand hat, der alles erbt. (15,23)
    Der den rechten Weg weist und zum rechten Wandel führt.
    Der voller Geduld ist.

Auch darüber, ob man diese Eigenschaften Gottes überhaupt aussprechen und meditieren soll, sind sich die islamischen Theologen alles andere als einig. Die rationalistischen *Mutaziliten* verlangen z.B., bei jedem dieser Aussprüche ausdrücklich das Wesen Gottes zu erwähnen und mitzudenken, weil dieses sonst durch die Vielzahl an Wirkweisen aufgespaltet erscheint und seine »Einheit« verliert. Am liebsten hätten sie es, wenn man nur sagen und denken würde: »Er ist.«

Die sunnitische *Orthodoxie* und die *Aschariten* (vgl. Abu'al Hasan al Asch'ari; gest. 935) sprechen sich dagegen für die Treue zur Offenbarung aus und verstehen die vielen Prädikate als nähere Qualifikationen, die zum Wesen Gottes hinzukommen, aber nichts wesentlich anderes bedeuten als eben dieses Wesen.

Ansätze einer islamischen Ethik

Das Wissen um die Eigenschaften Allahs und um die Notwendigkeit, ihn vor den Menschen zu bezeugen, verleiht dem Muslim seine innere Freiheit und den Mut, nach außen hin freimütig aufzutreten, sich für die Rechte Gottes in Familie, Gesellschaft und Staat einzusetzen und sie zur Geltung zu bringen. Frömmigkeit und Handeln, rechter Glaube (Orthodoxie) und rechtes Handeln (Orthopraxie) werden dabei in einem gesehen.

Dies entspricht ganz dem Sinn des Glaubensbekenntnisses: *Ich bezeuge, es gibt keinen Gott außer Allah, und Muhammad ist der Gesandte Gottes.*

Dies kann man auch gut am folgenden Text aus Sure 17,23–40 erkennen, den man auch den **Islamischen Dekalog** nennen könnte – wegen der vielen Anklänge an die jüdischen Zehn Gebote:

Setze nicht neben Allah, den wahren Gott, noch einen anderen Gott; denn sonst fällst du in Schmach und Armut. Dein Herr hat befohlen: nur ihn allein zu verehren und den Eltern, besonders wenn das hohe Alter sie erreicht, Vater oder Mutter oder beiden Gutes zu tun – und dass du nicht zu ihnen sagst: Pfui! Oder sie sonst schmähst, sondern ehrfurchtsvoll mit ihnen sprichst.

Aus barmherziger Liebe sei demutsvoll gegen sie und sprich: »O Herr, erbarme dich ihrer, so wie sie sich meiner erbarmt und mich in meiner Kindheit ernährt haben.«.

Allah kennt die Gedanken eurer Seelen, ob ihr rechtschaffen seid; und denen, welche sich aufrichtig ihm zuwenden, ist er gnädig.

Gib dem Verwandten, was ihm mit Recht zukommt, und auch dem Armen und dem Wanderer – aber verschwendet euer Vermögen nicht; denn die Verschwender sind Brüder des Satans, und der Satan war undankbar gegen seinen Herrn. Musst du dich aber von ihnen abwenden, weil du selbst die Gnade deines Herrn erwartest und erhoffst, dann rede ihnen wenigstens freundlich zu. ... Siehe, dein Herr gibt Nahrung im Überfluss, wem er will, und entzieht sie, wem er will; denn er kennt und durchschaut seine Diener.

Tötet eure Kinder nicht aus Furcht vor Armut; wir wollen schon für sie und für euch sorgen; denn sie deshalb töten wollen, wäre eine große Sünde.

Enthaltet euch der Unkeuschheit; denn sie ist ein Laster und führt auf schlimme Wege.

Tötet keinen Menschen, da Allah es verboten hat; es sei denn, dass die Gerechtigkeit es erfordert. Ist aber jemand ungerechterweise getötet worden, so geben wir seinem Verwandten die Macht, ihn zu rächen; dieser darf aber den Beistand des Gesetzes nicht missbrauchen, um die Grenzen der Mäßigung bei sühnender Tötung des Mörders zu überschreiten.

Nähert euch auch nicht dem Vermögen der Waisen, bis sie großjährig geworden sind, es sei denn zu deren Vorteil.

Haltet auch fest an euren Bündnissen (Verträgen und Verpflichtungen), denn hierüber werdet ihr einst zur Rechenschaft gezogen.

Wenn ihr messt, so gebt volles Maß und wiegt mit richtigem Gewicht. So ist es besser und förderlicher für die allgemeine Ordnung.

Auch folge nicht dem, wovon du keine Kenntnis hast (falschen, vorgefassten Meinungen); denn Gehör und Gesicht und Herz werden einst zur Rechenschaft gezogen.

Wandle auch nicht stolz auf der Erde einher, denn du kannst dadurch ja doch die Erde nicht spalten und auch nicht die Höhe der Berge erreichen; all das ist ein Gräuel und deinem Herrn verhasst.

Diese Lehren sind nur ein Teil der Weisheit, welche dein Herr dir offenbart hat.

Muhammad – das »Siegel der Propheten«

Muhammad wusste sich in der Nachfolge von insgesamt 124.000 Propheten *(nabi)*, die gleich ihm Gottes Offenbarungen gehört und den Menschen weitergegeben haben, und zählte sich zu jener Gruppe von 313 Gesandten *(rasūl)*, die Gott mit besonderen Botschaften beauftragt hat. »Für die Muslime ist Mohammed der letzte Prophet, das ›Siegel der Propheten‹ *(hātam an-nabīyīn)*, der die Sendungen früherer Propheten nicht nur bekräftigt, sondern auch abschließt; nach islamischer Auffassung wird es bis zum Jüngsten Tag keine weiteren Offenbarungen mehr geben. Deswegen werden auch aus dem Islam hervorgegangene Glaubensrichtungen, die den Anspruch erheben, auf einer erneuerten oder erweiterten Offenbarung zu beruhen – wie zum Beispiel die **Ahmadīya-Sekte** oder die **Baha'i** – von den Muslimen als nichtislamisch verworfen.« (Heinz Halm). »Die mystische Spekulation rückt Mohammed ganz in die göttliche Sphäre. Sie sieht in ihm die reine Vernunft *(aql)*, die schon vor der Erschaffung der Welt bei Gott war.« (Helmuth von Glasenapp).

Die folgenden Koranstellen belegen Muhammads Verhältnis zu den anderen Propheten, seine Wertschätzung – aber auch seine Kritik:

*Und bedenke auch, was im Koran über **Abraham** steht. Siehe, er war ein aufrechter Mann und ein Prophet. Er sagte einst zu seinem Vater Ased:* »*Warum, o mein Vater, betest du Wesen an, die weder hören noch sehen und dir durchaus nichts nützen können? Wahrlich, mein Vater, mir ist die Erkenntnis zuteil geworden, die dir nicht zuteil wurde; darum folge mir, und ich will dich auf den gebahnten Weg führen. O mein Vater, diene doch dem Satan nicht; denn der Satan hat sich wider den Allbarmherzigen empört.*« ...

Sein Vater erwiderte: »*Willst du, Abraham, meine Götter verwerfen? Wenn du das nicht unterlässt, so steinige ich dich. Verlasse mich nun auf eine geraume Zeit.*«

Darauf sagte Abraham: »*Friede sei mit dir. Ich will meinen Herrn bitten, dass er dir verzeihe; denn er ist mir gnädig. Ich will mich nun von euch und den Götzen trennen, die ihr statt Allah anruft ...*«

*Als er sich getrennt hatte, da gaben wir ihm **Isaak** und **Jakob**, die wir zu Propheten machten. Wir gaben ihnen unsere Barmherzigkeit und die erhabenste Sprache der Wahrheit.*

*Erwähne auch den **Moses** im Koran, denn er war ein erwählter Mann und Gesandter und Prophet. Und wir riefen ihn von der rechten Seite des Berges Sinai und hießen ihn heranzukommen. Und sprachen vertraulich mit ihm. Und wir gaben ihm, in unserer Barmherzigkeit, seinen Bruder **Aaron** zum Sprecher und Propheten. Erwähne auch **Ismael** im Koran, der wahrhaftig in seinen Versprechen und auch ein Gesandter und Prophet war. Er befahl seinem Volk, das Gebet zu verrichten und Almosen zu geben, und war seinem Herrn wohlgefällig. Erwähne auch den **Idris** (= **Henoch**) im Koran. Er war ein gerechter Mann und ein Prophet, den wir auf eine hohe Stufe erhoben. (19,42–58)*

*Wir leiteten auch den **Noah** und seine Nachkommen, **David**, **Sa-***

lomo, Hiob, Joseph ... auch Zacharias, Johannes und ... Elias,
die alle zu den Frommen gehörten. (6,85–86).

Wir haben die Thora offenbart, die Leitung und Licht enthält; nach
ihr richten die gottergebenen Propheten die Juden; auch die Rabbinen
und Schriftgelehrten urteilten nach dem Buch Allahs, das ihnen zur
Aufbewahrung gegeben war, und sie sollten darüber wachen, dass
es nicht verfälscht werde ... Wir haben ihnen vorgeschrieben, dass
man also richten solle: Leben für Leben und Auge um Auge, Nase um
Nase, Ohr für Ohr, Zahn um Zahn und Wunde mit Wiedervergel-
tung zu bestrafen ... Wer aber nicht nach den Offenbarungen Allahs
urteilt, der gehört zu den Ungerechten.

Wir haben Jesus, den Sohn der Maria, den Fußstapfen der Prophe-
ten folgen lassen, bestätigend die Thora, welche in ihren Händen war,
und gaben ihm das Evangelium, das Leitung und Licht und Bestäti-
gung der Thora enthält ...

Wahrlich, das sind Ungläubige, die sagen: Allah sei Christus, der
Sohn der Maria. Sagt ja Christus selbst:»O ihr Kinder Israels, dient
Allah, meinem und eurem Herrn.« O ihr Schriftbesitzer, überschreitet
doch nicht gegen die Wahrheit die Grenzen eurer Religion und folgt
nicht dem Verlangen der Menschen, welche schon früher geirrt und
manchen verführt haben.« ... Die Ungläubigen unter den Kindern
Israels wurden schon verflucht von der Zunge Davids und Jesu, des
Sohns der Maria, weil sie sich empört und versündigt und sich die
Frevel, welche sie ausübten, nicht untereinander verwehrt hatten.
... Du wirst finden, dass den Gläubigen noch die am besten gesinnt
sind, welche sagen:»Wir sind Christen.« Das kommt daher, weil diese
Priester und Mönche haben und auch weil sie nicht hochmütig sind.
Wenn sie hören werden, was dem Gesandten offenbart worden ist, so
wirst du ihre Augen in Tränen überfließen sehen wegen der Wahrheit,
die sie nun wahrnehmen. (5,45–46.73.78–80.83–84)

Die Besitzer des Evangeliums sollen nun nach den Offenbarungen
Allahs darin urteilen ... Wir haben nunmehr dir das Buch in Wahr-
heit offenbart, die früheren Schriften in ihren Händen bestätigend,
und dich zum Wächter darüber eingesetzt. Urteile du nun nach dem,
was Allah offenbart, und folge durchaus nicht ihrem Verlangen, dass
du von der Wahrheit abgehst, welche dir zuteil geworden ist. Einem
jeden Volk gaben wir Norm (Religion) und einen offenen Weg. Wenn
es Allah nur gewollt hätte, so hätte er euch allen nur einen Glauben
gegeben; so aber will er euch in dem prüfen, was euch zuteil geworden

ist. Wetteifert daher in guten Werken, denn ihr werdet alle zu Allah heimkehren, und dann wird er euch über das aufklären, worüber ihr uneinig wart. (5,48–49)

Muhammad hat erkannt, dass z. B. schon David und Jesus die Abweichungen und den Unglauben der Juden beim Namen genannt und sie beschworen haben, von ihren Irrtümern abzulassen und sich wieder der reinen Wahrheit zuzuwenden. Muhammad verstand sich als Gesandter Gottes, der in seinem Auftrag kritisieren sollte, was »ungläubige« Juden und Christen aus den Offenbarungen Gottes gemacht haben, und verkündete der gesamten Menschheit den hingebungsvollen Glauben an den einzigen Gott. Er erkannte manche Ursachen für die Abwendung von der reinen Wahrheit sehr deutlich – z. B. die mangelnde Unterscheidung zwischen der Offenbarung (dem von Gott Gemeinten) und der menschlichen Interpretation (Lehre, Tradition) mit so manchen Hinzufügungen, Veränderungen oder Weglassungen –, er war aber wie alle seriösen Propheten (= Medien, Mittler) davon überzeugt, das Gehörte und Geschaute so wiedergegeben zu haben, wie er es empfangen hatte.

Wie weit er der Gefahr begegnete, Eigenes, Für-wahr-Gehaltenes oder Festgeschriebenes zu verabsolutieren und damit die Offenheit für Neues, Anderes, Besseres zu blockieren, sei dahingestellt. Jesus vermied diese Gefahr, indem er keine Lehre formulierte, sondern eine Botschaft (Evangelium) verkündete, die Definitionen vermied und mit Bildern, Gleichnissen und persönlichen Erfahrungen (Erzählungen) arbeitete. Schon die nächste Generation aber verfestigte die »Gute Nachricht« zu Glaubens- und Lehr-Formeln, und im Laufe der Zeit wurde daraus ein Lehrsystem konstruiert, das den Anschein erweckt, das Wesen Gottes und der Inhalt seiner Offenbarungen über das Jenseits seien für den menschlichen Verstand durchaus fasslich und verstehbar. Hier fehlte es an der Unterscheidung zwischen dem allgemeinen oder systematisch betriebenen »Gehirndenken« und dem »geistig erhobenen Vernunft-Denken«. Nur letzteres ist fähig, in transzendente Bereiche vorzudringen.

So gesehen, war die Kritik Muhammads an den »Menschen des Buches« wenigstens zum Teil berechtigt, weil man Geoffenbartes wie logisch Erschlossenes oder empirisch Wahrgenommenes und daraus logisch Gefolgertes behandelte.

Seine Kritik ging aber andererseits aus mehreren Gründen deutlich ins Leere: Wenn er manches unrichtig gehört oder nur zur Hälfte verstanden hatte. Wenn die Israeliten – beziehungsweise später die Christen – in manchen Phasen ihrer Entwicklung und Geschichte die ursprünglichen Intentionen des Mose – beziehungsweise Jesu – nicht wahrten, sondern die Akzente – teilweise im guten Glauben, sie besser als frühere Generationen zu verstehen – verletzten oder sogar manchmal ins Gegenteil verkehrten (vgl. etwa die formalistische Gebotsfrömmigkeit = »Nomismus« in der Zeitenwende).

Besonders dann ist Kritik angebracht, wenn Muhammad sein fragwürdiges Vorverständnis oder seine eigenen Verabsolutierungen nicht durchschaute, wenn einzelne Offenbarungen nachträglich von ihm kombiniert und mit deutlichen Zusätzen von ihm versehen wurden (vgl. z. B. Sure 2,3–8) – oder wenn die von ihm vermittelten Botschaften in der islamischen Gemeinde später nicht anders behandelt wurden, als es in der jüdischen und christlichen Tradition der Fall war. Vor allem in der sunnitischen Orthodoxie und in islamischen Sekten entstand durch erzwungene Treue oder bedingungsloses »Für-wahr-Halten« von Glaubensformeln und zeitbedingten Aussagen eine gefährliche Ideologisierung des Glaubens beziehungsweise ein fideistischer Zwangsglaube *(Fundamentalismus),* der mit großer Rücksichtslosigkeit und einer geradezu fanatisch-irrationalen Strenge eifersüchtig bewacht und damit fixiert wurde – und wird.

Da es diese Haltungen auch im Christentum über viele Jahrhunderte hinweg gab und weil sie erst in einem jahrhundertelangen schmerzhaften Entwicklungsprozess heute als weitgehend überwunden gelten können, hätten die Christen die Möglichkeit, diesbezüglich den Muslimen bei einer schnelleren Entwicklung zu helfen. Andererseits sollten die Christen – und die Juden – die Offenbarungen Gottes durch Muhammad, die im Koran über 14 Jahrhunderte hinweg bewahrt, aber von ihnen nicht gehört, geschweige denn beachtet worden sind, zur Selbstkontrolle, Gewissenserforschung und Erneuerung heranziehen. Das wäre der tiefere Sinn und ein lohnendes Ziel »interreligiöser Gespräche« und des »Dialogs der monotheistischen Weltreligionen«. Denn Jahwe, Abba und Allah sind drei Namen und Zugänge zu dem einen, einzigen, absoluten und transzendenten, geistigen Gott, den alle drei verehren und anerkennen.

Schon die Analyse der Gründe, warum es in diesem Dialog nicht größere Fortschritte gibt, würde für jeden, der nach einem Grundwissen Religion strebt, sehr aufschlussreich sein und ihn erkennen lassen, wie sehr Macht- und Gruppen-Denken ein freies Miteinander aller, die an einen Gott glauben, behindern.

ISLAMISCHE MYSTIK (SUFISMUS) UND PHILOSOPHIE

Muhammad hatte seit seinem ersten Offenbarungserlebnis immer wieder mystische Erfahrungen gemacht – und als Offenbarungsreligion ist der Islam schon von seiner Definition her mit einem mystischen Vorzeichen versehen. Im Laufe seiner Entwicklung hat er sich allerdings sehr schnell veräußerlicht. Als entscheidend für die »glaubende Hingabe« der Muslime wurde bei der raschen Ausbreitung der Islamisierung nämlich nicht die persönliche Gotteserfahrung angesehen, sondern der Glaubensgehorsam – nicht die liebende Annäherung der menschlichen Seele an den Absoluten, sondern das Einhalten der religiösen Vorschriften. Nicht die *esoterische* Seite dominiert deshalb bis heute im Islam, sondern die *exoterische*.

Von Ali, dem tragisch gescheiterten Cousin und Schwiegersohn Muhammads, wird der Ausspruch überliefert, dass es »keinen Vers im Koran gibt, der nicht vierfach deutbar ist: im *exoterischen* Sinn *(zahir)*, im *esoterischen* Sinn *(batin)*, im *begrenzten* Sinn *(hadd)* und im *göttlichen* Sinn *(mottala)*.« Das Exoterische äußert sich im mündlichen Vortrag und im peniblen Tradieren und Kommentieren der Texte, das Esoterische dagegen erschließt sich dem Fragenden und Suchenden, der bereit ist für ein inneres, intuitives Verständnis und eine persönliche Begegnung mit Gott, seinem Willen und seiner Führung. Verkündigungen über das Erlaubte und Unerlaubte enthalten naturgemäß nur einen begrenzten Sinn. Der göttliche Sinn erschließt sich erst dem, der »Gott in jedem Vers, den er bedenkt, innerlich wirksam sein lassen will«. (Mircea Eliade).

Muhammad selbst hat das, einer Hadith-Überlieferung zufolge, bestätigt, wenn er sagt, dass »der Koran eine äußere Erscheinung, eine verhüllte Tiefe, einen exoterischen und einen esoterischen Sinn« hat. Diese Auffassung ist nicht nur für Schiiten typisch, sondern wird auch von vielen islamischen Mystikern, Theosophen und Philosophen geteilt.

Die Kehrseite des islamischen **Religionsgesetzes** *(scharīa)*, das aber nicht nur während der islamischen Expansion und in den islamisch geprägten Gesellschaften bis heute dominiert, sondern auch im Koran selbst, ist die islamische **Mystik** *(tasawuf)*. Sie ist sozusagen der Ausgleich zur Betonung der äußeren Formen und des religiösen Reglements (Exoterik). Setzt die Entfaltung des Gesetzes die medinische Linie Muhammads fort, so die Mystik die mekkanische.

Die Anfänge der islamischen Mystik

Schon in den ältesten Zeiten des Islam hat es Asketen und Büßer gegeben, die sich in die Einsamkeit zurückgezogen haben und zur Enthaltung von all dem entschlossen waren, was sie von Gott abziehen könnte. Sie folgten darin nicht zuletzt auch Muhammad nach, der sehr oft die Einsamkeit in der Höhle am Berg Hira gesucht hatte. Mircea Eliade sieht im **Sufismus** »die mystische Dimension des Islam und gleichzeitig eine der bedeutendsten Traditionen der islamischen Esoterik«.

Der Name *Sufi* für den islamischen Mystiker spielt wahrscheinlich auf den groben Wollmantel an, den die Sufis ab dem 9. Jh. zu tragen pflegten. Er wurde geradezu zu einer Art »geistlicher Tracht«, als sie sich ab dem 12. Jh. zu Ordensgemeinschaften *(turuq)* zusammenschlossen. Der für islamische Mystiker – vor allem für Angehörige von Sufi-Orden – übliche Ausdruck »Fakir« *(arab. faqīr)* oder »Derwisch« *(pers. Darvīsch)* bedeutet »Armer« und verweist auf die Bedürfnislosigkeit und asketische Lebensweise der Mystiker, die gewöhnlich von einem »Meister« *(arab. schaich; pers. pīr)* in die mystische Lebensweise eingeführt wurden.

Die folgenden Auszüge aus einem Gebet des 661 in Kufa ermordeten 4. Kalifen *Ali ibn Abi Talib* (600–661), der sich als großer Mystiker erwiesen hat, lässt schon in der frühen islamischen Mystik einen großen Tiefgang erkennen:

O Sonne, von herrlicher Gestalt und unnachahmlicher Schöpfung, die gemacht ward als Leuchte für die Augen, zum Nutzen für die Bewohner der Städte zu taugen! Dein Aufgang ist Leben, dein Untergang Tod.

Wenn du aufgehst durch ein mächtiges Wort und wenn du zurück kehrst zu einem befestigten Ort: Ich bitte ihn, der mit dir den Himmel geschmückt und dich mit Licht bekleidet hat ..., dass er uns durch dich Gesundheit gebe und Krankheit abwehre, Einsamkeit abwende und Kummer ablenke, dass er uns bewahre vor Irrtümern und davor, dass wir den Lüsten folgen und dem Übel anhangen, dass er uns verleihe längstmögliches Leben und bestmögliche Taten ...

Mein Gott, du bist es, der meinem Ruf in der Not antwortet, und du bist es, der mich in Kummer und Sorgen aufatmen lässt, der mich von meinen Feinden löst. Ich habe dich nie fern von mir gefunden, und ich werde dich nie fern finden, wenn ich dich suche, nicht verschlossen, wenn ich dich bitte, nicht ablehnend, wenn ich dich rufe!

O Gott, der du meine Schuld vergibst und meine Fehler übersiehst und meine gewaltigen Sünden vergibst, ... du hast mich gerufen, und ich habe mich von dir abgewendet; du hast dich liebreich gezeigt, und ich bin dir nicht näher gekommen, da ich zu anmaßend war.

O mein Licht in aller Finsternis! O meine Hoffnung in allem Kummer! O mein Vertrauen in allem Schweren! O mein Führer in der Verirrung!

Du bist mein Führer, wenn die Führung aller endet; denn deine Führung hört nimmer auf, und wen du leitest, der geht nicht irre.

Du hast mir Gnade erwiesen, hast mich reichlich beschenkt und mich genährt, du hast mir überreich gegeben und mich ernährt. Da wurde ich durch deine Güte stark zum Ungehorsam gegen dich und wurde durch deine Nahrung kräftig, so dass ich mein Leben verwüstete mit Taten, die du nicht liebst.

O Gott, ich bitte dich als Armseliger und suche nach dir als Unglücklicher und flehe zu dir als Schwacher und bettle zu dir als niedriger Sünder und bitte dich als einer, dessen Seele sich vor dir demütigt, dessen Tränen vor dir fließen. Ich bekenne dir meine Vergehen als einer, der keinen Ausweg mehr hat und keinen Beweis zu seinen Gunsten mehr vorbringen kann.

O Gott, erbarme dich meiner, wenn meine Spur aus der Welt zurückgezogen und meine Erinnerung unter den Geschöpfen ausgelöscht ist.

Mein Gott, wenn immer du mir eine Wohltat erwiesen hast, habe ich dir zu wenig gedankt, und wenn du mich heimgesucht hast, bin ich nicht geduldig genug gewesen.

Du bist der Herr, ich der Diener; du bist es, der besitzt, ich, den du besitzest. Du bist der Hochmächtige, und ich bin niedrig; du bist der

Lebendige, und ich bin tot; du bist der Ewige und ich bin vergänglich; du bist der Barmherzige und ich der Irrende; du bist der Geber und ich der Bittende; du bist der treue Wächter und ich der Furchtsame.

O Gott, ich bitte dich um Beständigkeit, um Eifer in der Rechtleitung, um Dank für deine Wohltaten. Ich suche Zuflucht bei dir vor der Übeltat jedes Übeltäters, vor dem Neid jedes Neiders. Wer sich auf einen anderen als dich stützt, wird enttäuscht.

(Übersetzung von Annemarie Schimmel)

Der ersten, ursprünglichen Offenbarung des Propheten Muhammad folgend, liegt der Ausgangspunkt der islamischen Mystik in der Furcht vor dem angekündigten Gericht. Viele Stellen des Koran wären hier zu nennen, Sure 81 und 82 enthalten die vielleicht eindruckvollsten Gerichts-Visionen:

Im Namen Allahs des Allbarmherzigen. Wenn die Sonne zusammengefaltet wird und die Sterne herabfallen und die Berge sich fortbewegen ... die wilden Tiere zusammenlaufen und die Meere in Flammen aufgehen und die Seelen sich mit den Körpern wiederverbinden, wenn die Bücher offengelegt und die Himmel weggezogen werden und wenn die Hölle lichterloh brennt und das Paradies nahegebracht wird, dann wird jede Seele wissen, was sie getan hat.

Ich schwöre bei den Sternen, welche sich rück- und vorwärts schnell bewegen und verbergen und bei der anbrechenden Nacht und bei der neu atmenden Morgenröte: Dieser Koran enthält die Worte eines ehrwürdigen Gesandten, der viel vermag und bei dem Besitzer des Thrones in Ansehen steht und dem die Engel gehorchen und der ohne Falsch ist. (Sure 81,1–22 gekürzt)

Hasan al-Basri (gest. 725), der berühmteste Vertreter der frühen muslimischen Asketen und der Stammvater der *Derwische*, leitete aus seiner inneren Erfahrung den Gläubigen dazu an, aus diesen visionären Gerichts-Warnungen Muhammads die richtigen Konsequenzen zu ziehen:

Hoffnung und Furcht sind die beiden Reittiere der Gläubigen ... die Furcht muss größer sein als die Hoffnung, denn wenn die Hoffnung stärker ist als die Furcht, verdirbt sie das Herz ... O Mensch, wenn du den Koran liest und an ihn glaubst, dann muss deine Trauer hienieden lang, deine Furcht hienieden heftig und dein Weinen hienieden viel sein ... Der Gottvertrauende fordert nicht von Gott den Lebensunterhalt für morgen ein, so wie sein Gott nicht von ihm das Werk von morgen einfordert ...

O Menschenkind, tu nicht, was zu tun recht ist, als Augendienst, und unterlasse es nicht aus Scham ... Einem Glaubensbruder einen Gefallen zu tun, ist mir lieber als ein Monat andächtigen Aufenthalts in der Moschee.

Von hier aus ist es nur mehr ein Schritt zur mystischen Gottesliebe, die aus den Worten der **Rabi'a al-Adawija** (gest. 801) aus Basra spricht, einer der ersten Sufi-Meisterinnen, die sich Gott mit einer gänzlich altruistischen Liebe annähert, welche absolut frei ist auch vom moralischen Eigeninteresse des Koran. Der Überlieferung zufolge hielt sie bei den folgenden Worten eine brennende Fackel und einen Wasserkrug in ihren Händen:

Ich gehe, um das Feuer im Paradies zu entzünden und Wasser in die Hölle zu gießen, auf dass beide Schleier von denen fortgenommen werden mögen, die auf Gott zugehen, auf dass ihre Absicht gewiss sei und sie ihrem Erhalter entgegenblicken können ohne einen Gegenstand der Hoffnung oder einen Grund zur Furcht.

Immer wieder erklärte sie ihre Versuche, Gott nur um seinetwillen zu lieben. Einmal soll sie gesagt haben: *Ich wäre ein erbärmlicher Mietling, wenn ich Gott aus der Furcht heraus diente.* Ihre tiefen Verse über »Die zwei Arten der Liebe« werden häufig zitiert:

Auf zwei Arten habe ich dich geliebt: selbstsüchtig – und mit einer Liebe, die deiner wert ist.

Bei selbstsüchtiger Liebe finde ich meine Freude in dir, während ich für alles und alle anderen blind bin.

Bei jener Liebe, die deiner wert ist und dich sucht, ist der Schleier gehoben, so dass ich auf dich blicken kann.

Doch der Ruhm ist in jenem und diesem nicht mein – in diesem und jenem ist der Ruhm gänzlich dein.

*Islamische Mystik in der Blütezeit
islamischer Philosophie und Lyrik*

Viel extremer noch klingt es, was der vielleicht berühmteste muslimische Mystiker **Husain ibn Mansur al-Halladsch** (gest. 922), der aus dem Iran stammte und in der Abbasiden-Metropole Bagdad mit dem Sufismus in Berührung gekommen war, über seine inneren Gotteserfahrungen mitteilte:

Dein Geist hat sich mit meinem Geist gemischt, wie sich der Wein mit klarem Wasser mischt; wenn etwas dich berührt, berührt es mich, nun bist du ich in jeder Lage ... Zwischen mir und dir ist ein »Ich-bin«, das mich bekümmert; dann räume in deiner Güte das »Ich-bin« hinweg.

Wenn du Gott nicht anerkennst, erkenne wenigstens sein Zeichen an. Ich bin dieses Zeichen. Ich bin die schöpferische Wahrheit (ana al-haqq), *weil ich durch die Wahrheit ewig wahr bin.*

Während seiner ersten Pilgerreise nach Mekka soll er ein ganzes Jahr lang unbeweglich – schweigend und fastend – im Innenhof des Heiligtums geblieben sein. Später gab er seine Mitgliedschaft bei den Sufis auf und wies seinen Anhängern den Weg, Gott in ihrem Inneren zu suchen und nicht im äußeren Tun. Die folgende Anweisung formuliert dies genial: »*Gehe siebenmal um die Kaaba deines Herzens herum*«.

Dies trug ihm den erbitterten Widerstand der exoterisch ausgerichteten orthodoxen Glaubenswächter (ulama) ein, die ihn neun Jahre gefangen hielten und schließlich wegen »Anmaßung einer göttlichen Qualität« anklagten und am 16. März 922 in Bagdad nach zweitägiger Folterung hinrichteten, seinen Leichnam verbrannten und die Asche in den Tigris streuten. Seine letzten Worte sind überliefert:

Hier sind sie, Deine Anbeter, die zusammengekommen sind,
mich zu töten, aus Eifer für dich, um sich
dir zu nähern, indem sie ein Opfer darbringen ...
Vergib ihnen! Wenn du ihnen enthüllt hättest,
was du mir enthüllt hast, würden sie nicht tun, was sie tun.
Und wenn du mir verborgen hättest, was du ihnen verborgen hast,
wäre ich nicht den Prüfungen unterworfen, denen ich
mich jetzt unterziehen muss.
Ehre sei dir für das, was du tust! Ehre sei dir
für das, was du willst! Alles, was der Verzückte will,
ist das Alleinsein mit dem Einen.

Nicht immer war die Reaktion normaler Gläubiger auf die Tiefenerfahrungen der Mystiker so radikal. Und nicht immer äußerten die Mystiker sie so offen wie Al-Halladsch. Der Ägypter **Dhu'n Nun** (gest. 859) z. B. wusste sehr wohl zu unterscheiden, wann er wem was sagen konnte:

O Gott. In der Öffentlichkeit nenne ich dich meinen Herrn.

Wenn ich aber allein bin, dann nenne ich dich meine Liebe. Er war wahrscheinlich auch der erste, der zwischen diskursiver Gotteserkenntnis *('ilm)* und intuitiver Gotteserfahrung *(ma'rifa)* unterschied und über diesen Unterschied bzw. über die Andersartigkeit der Gnosis – wie man diese inneren, mystischen Erkenntnisse auch gerne nannte – reflektierte:

> *Mit jeder Stunde wird die Erkenntnis einfacher, denn jede Stunde führt sie näher an Gott heran … Die Gnostiker sind nicht selbst Gott, aber in dem Maße, in dem sie existieren, existieren sie in Gott. Ihre Begegnungen sind von Gott initiiert, ihre Reden sind Reden Gottes, die er in ihrer Sprache hält.*

Im 11. Jh. hatte sich die islamische Mystik und die Tradition des Sufismus so weit entwickelt, dass man von einem ausgeprägten **System des Sufismus** sprechen konnte. Man unterschied drei Schritte *(maqamat)*, die ein Sufi hinter sich bringen muss: das Noviziat *(murid)*, das Fortgeschrittenenstadium *(salik)* und das Stadium der Vollkommenheit *(kamil)*. Die Führung bei dieser Initiation und auf dem weiteren Entwicklungsweg hatte ein Scheich (auch: Scheikh, arab.: *schaich*).

Einer der bedeutendsten unter ihnen war der aus Ostpersien stammende *Abu Hamid Al-Ghazzali* (1058–1111), ein hochbegabter Theologe, der bereits in jugendlichen Jahren Professor in Bagdad war, die Philosophie des großen Avicenna kritisierte (»Widerlegung der Philosophie«), dann aber in eine religiöse Krise geriet und zehn Jahre lang in Syrien, Jerusalem und Ägypten das Christentum und Judentum studierte und als Sufi lebte. Nach Bagdad zurückgekehrt, nahm er den Unterricht wieder auf, schrieb im Auftrag des Kalifen das wichtige und nach dem Koran und den klassischen Hadith-Sammlungen meistgelesene islamische Werk *Die Wiederbelebung der Religionswissenschaften* (eine Anleitung für das tägliche Leben, wie man sich der göttlichen Gegenwart ständig bewusst sein kann). Schließlich zog er sich in seine Heimat zurück, wo er als Sufi-Gelehrter großen Zulauf hatte und sehr verehrt wurde. Ihm gelang ein gewisser Ausgleich zwischen den mystischen Ekstatikern (»trunkene« Sufis) und den traditionellen Theologen (»nüchterne« Sufis).

Al-Ghazzali war freilich nicht der erste, der sich mit den Werken und Überlieferungen der griechischen Philosophie und den in ihrem Sog entstandenen Wissenschaften auseinandersetzte. *Abu Yusuf al-Kindi* (796–873), *Al-Farabi* (872–950) und vor allem *Ibn Sina* (980–1037) kannten Platon und Aristoteles und die Neuplatoniker ebenso wie den Koran und die daraus entwickelte islamische Theologie. Sie konfrontierten all dies auch mit der Mystik, weil sich der Philosoph (= Liebhaber der Weisheit) immer auch der Liebe Gottes hingeben will und die inneren Wahrheiten der Religion sucht.

Ibn Sina verfasste eine 20-bändige Enzyklopädie (die aber bis auf einige Fragmente verschollen ist), ein wichtiges Lehrbuch der Medizin (»Kanon«), das im Orient noch heute aktuell ist, und grundlegende Werke über Metaphysik, Logik und Physik. Vor allem seine Aristoteles-Kommentare machten Ibn Sina unter seinem latinisierten Namen *Avicenna* und sein Denken in ganz Europa bekannt. Er beeinflusste nachhaltig die Entwicklung der mittelalterlichen Wissenschaft im christlichen Abendland.

Bedeutender noch als Ibn Sina war aber wohl *Ibn Ruschd,* der in Europa, wo seine Werke ab etwa 1230 in lateinischer Sprache verbreitet wurden, besser unter dem lateinischen Namen *Averroes* (1126–1198) bekannt ist. Er kritisierte Al-Ghazzali, Al-Farabi und Avicenna und klagte sie an, die Tradition der alten Philosophen verlassen zu haben, um den Theologen zu gefallen. Er verfasste Kommentare zu den meisten Werken des Aristoteles, um Fehldeutungen klarzustellen und auszumerzen. Dabei war er auch ein Experte des islamischen Gesetzes und seiner Auslegungsgeschichte und bekannte sich zu dessen Allgemeinverbindlichkeit. Wer aber über höhere Geistesgaben verfügte, sollte auch eine höhere Wissenschaft verfolgen, welche unabhängig von den Theologen sei, ja sie sogar zu kontrollieren habe, indem sie Denkfehler oder Anmaßungen aufdeckt. Die sogenannten »doppelsinnigen Verse« im Koran dürfen aber weder von den Theologen noch von den Philosophen kommentiert werden; für sie gilt der »Freiraum der Offenbarung«.

Einer der größten islamischen Mystiker war der in Murcia/ Andalusien – zur Blütezeit des spanischen Umaiyaden-Reiches – geborene *Ibn al-Arabi* (1165–1240), den seine Bewunderer »Scheich al-Akbar = größter Meister« nannten und der mehr als 800 Werke verfasst haben soll, die sich zu einem guten Teil mit dem Sufismus beschäftigten. Er kannte aber nicht nur diese

Tradition, sondern war auch bewandert in den Lehren der sunnitischen Theologen – aber auch der *Ismailiten* und *Mutaziliten*. Durch seine übernatürlichen Erfahrungen und ekstatischen Visionen und seine Fähigkeit, darüber zu reflektieren und sie in Beziehung zu anderen Traditionen und Denkweisen zu setzen, ist er als »eine der bedeutendsten Figuren der universellen Mystik« (Mircea Eliade) anzusehen.

Ibn al-Arabi meditierte an vielen Orten zwischen Marokko und dem Irak und kannte die meisten Scheikhs seiner Zeit. Eines seiner bedeutendsten Werke ist *Offenbarungen in Mekka* – ein 20-bändiges mystisches Werk, in dem er »Siegel der Heiligkeit Muhammads« genannt wird – doch sind nur wenige seiner Werke übersetzt. Sie wirken schnell geschrieben, und es fehlt ihnen meist ein klarer Aufbau, weil es sich oft um Inspirationen, Beobachtungen und schnelle Synthesen handelt, die nicht leicht nachzuvollziehen sind. Ibn Arabi ist sich darüber im Klaren, dass mystische Zustände nicht gelehrt und durch Unterweisung erreicht werden können, denn es handelt sich um »Esoterik, die vor der Mehrheit der Menschen geheim gehalten werden soll, weil sie zu anspruchsvoll und gefährlich ist«.

Für ihn ist der Ausgangspunkt jeder Mystik und Metaphysik die Einheit allen *Seins in Gott (al-haqq)*. Für den Liebenden und Lernenden spaltet sich diese Einheit in das Subjekt des Erkennenden *(al-khali)* und das Objekt des Erkannten *(khalq)* auf, ohne dass sie sich verselbständigen – sie bleiben aufeinander derart bezogen, dass Gott sich als der Schöpfer selbst in der Schöpfung als sein Objekt erkennt. Und in seiner *Liebe* will Gott von seiner Kreatur erkannt werden; in diesem Erkennen Gottes sind die Geschöpfe in Liebe geeint, wodurch die Einheit allen Seins bewusst hergestellt wird. Der Mensch ist in dieser »Selbsterkenntnis Gottes« vollkommen *(al-insan al-kamil)*, ist männlich (als Vertreter des Himmels und des Gotteswortes) und weiblich (als Kosmos oder Erde) zugleich und vereinigt – in sich Gott erkennend und liebend – Himmel und Erde. Aus diesem Grunde kann der heilige Mensch als »Kalif = Stellvertreter« Gottes schöpferisch sein *(himmah)* und kann seine eigenen inneren Bilder in Tat und Wahrheit in die Wirklichkeit des Lebens umsetzen – allerdings nur unter der großen Gefahr, von den »Ungeeinten« missverstanden, bekämpft und daran gehindert zu werden.

Die Hingabe *(Islam)*, zu der vor allem Muhammad, aber auch die übrigen Propheten *(nabi)* und Gesandten *(rasul)* aufriefen, ist für Ibn Al-Arabi der Weg zur Heiligung und zum Erlangen der Einheit allen Seins. Göttlichkeit und Menschlichkeit sind daher nicht so sehr zwei voneinander getrennte Naturen, sondern eher »zwei Aspekte, die ihren Ausdruck auf jeder Ebene der Schöpfung finden«. Al-Arabi verwendete auch gerne das Verhältnis von Spiegel und Spiegelbild, um diese Beziehung Gottes zur Schöpfung zu verdeutlichen:

Versuche den Körper des Spiegels ebenso zu sehen wie die Form, die er reflektiert: Du wirst es niemals zur gleichen Zeit tun können. Gott ist also der Spiegel, in dem du dich selbst siehst, wie du bist ... Sein Spiegel, in dem er Seinen Namen betrachtet.

Zur mystischen Vertiefung des Islam trug vielleicht der größte Dichter Persiens, **Mohammed Dschalal ad-Din Rumi** (1207–1273), der auch ein Sufi war, am meisten bei, weil seine Verse die Menschen tief im Inneren berührten und weil die von ihm begründete Bruderschaft *Tariqa Mawlawiya* zu den verbreitetsten Sufi-Orden gehörte und seine Gedanken überall in der islamischen Welt verbreitete. Mohammed Dschalal entstammte einer Ulama-Familie aus Chorasan, musste während des Mongolensturms Persien verlassen und lebte seit seinem 12. Lebensjahr im türkischen Konja, das wegen seiner Zugehörigkeit zum byzantinischen Reich auch *Rum* (= Rom) genannt wurde; daher sein Name Rumi. Er wurde in die verschiedenen Stufen des Sufismus eingeführt und wurde 1240 selbst ein Sufi-Scheikh, der wegen seiner außergewöhnlichen Beredsamkeit und Ausstrahlung viele Anhänger fand und eine besondere Form der Meditation entwickelte, bei der das Deklamieren von Gedichten sowie Musik und Tanz eine besondere Rolle spielten (»Tanzende Derwische«).

Der mystische Tanz hat nach Mircea Eliade eine zugleich kosmische und theologische Symbolik: Die »Tanzenden Derwische« sind weiß (wie ein Leichentuch) gekleidet, tragen darüber einen schwarzen Mantel (Symbol für das Grab) und auf dem Kopf die hohe Sikke-Kappe aus Filz (symbolisiert den

Tanzende Derwische – eine Besonderheit der Frömmigkeit im Sufismus

Grabstein) Der Scheikh ist der Mittler zwischen Himmel und Erde. Die Musiker spielen auf einer Flöte und schlagen Trommeln und Zimbeln. Die spontan entstehenden Verse wurden von **Husam ad-Din Hasan,** seinem Stellvertreter und späteren Nachfolger, aufgeschrieben und zum sechsteiligen, rund 45.000 Verse umfassenden **Mathnawi** zusammengefügt, das bald als »Sufi-Koran« oder »Persischer Koran« Berühmtheit erlangte.

Ist es im Koran die unerreichbare Gottheit, die sich durch den Mund des Propheten Muhammad an die Menschheit wendet, so ist es im Mathnawi die menschliche Seele, die ihre Verbannung in der irdischen Wirklichkeit beklagt und alles daransetzt, sich wieder mit dem Schöpfer zu vereinigen. Die folgenden Proben aus dem Mathnawi lassen diesen mystischen Hintergrund erkennen:

Horch, wie das Schilf mit einer Erzählung Trennung beklagt,
indem es sagt: »Seit ich aus dem Schilfbett gerissen, hat mein
Jammer Männer und Frauen zum Weinen gebracht;
ich möchte eine Brust, zerrissen vom Trennungsschmerz,
damit ich ihr enthülle die Qualen des Liebesverlangens.
Jeder, der weit entfernt von seiner Quelle, wünscht sich
die Zeit zurück, da er mit ihr vereint gewesen.« ... (I, 1–5)
Der Gram der Toten hat mit dem Tod nichts zu tun; sie
grämen sich,

weil sie in den äußeren Formen des Seins verharren
und nie verstanden, dass all dieser Schaum
bewegt und genährt wird von der See.
Wenn die See die Schaumflocken ans Ufer geworfen,
geh auf den Friedhof und sieh sie dir an!
Sag ihnen: »Wo ist eure strudelnde Betriebsamkeit geblieben?«
Und hör sie lautlos antworten: »Stell diese Frage dem Meer und
nicht uns!« (IV, 1454/8)
Zunächst erschien er in der Welt anorganischer Dinge,
dann glitt er hinüber in den pflanzlichen Bereich und lebte
lange Jahre, ohne dass ihm bewusst wurde, was er gewesen;
dann bewegte er sich aus dem pflanzlichen Bereich heraus
in das tierische Sein, sich wieder nicht erinnernd,
dass er Pflanze gewesen;
bis er im Frühling auf eine zuging wie kleine Kinder,
die die Mutterbrust unbewusst suchen;
oder ähnlich der außerordentlichen Zuneigung
des jungen Sufi-Novizen zu seinem Scheikh,
angezogen von dessen universeller Intelligenz ... (IV, 3637/42)

Der Mensch ist von Gott beauftragt, Mittler zwischen ihm und der Schöpfung zu sein. Das ist der tiefere Sinn der Entwicklung des Menschen, wenn er »vom Samen zur Vernunft reist«. Doch die Begabung mit Bewusstsein, Vernunft und Glauben ist noch nicht der Gipfel, denn der Mensch ist berufen, ein Engel zu werden, und seine Heimat ist im Himmel, den er durchschreitet, um in den »Ozean der göttlichen Einheit« zu gelangen. Darin »wird dein Wassertropfen ein Meer«.

Der folgende Vierzeiler und eine weitere Passage aus dem Mathnawi lenken den Blick auf das tiefere Verständnis der den Juden, Christen und Muslimen gemeinsamen Erkenntnis, dass dem Menschen eine gottgestaltige Natur zugrunde liegt, da er »nach dem Bilde Gottes geschaffen« ist:

Wenn einst der Morgen der Nähe Gottes zu wehen beginnt,
Eilends der Liebenden Herz aus dem Körper
zu gehen beginnt,
Und der Mensch erreicht einen Ort, wo in jeglichem Hauch
nun ohne des Sehens Schmerzen den Freund er zu sehen beginnt.
Mein Bild bleibt im Herzen des Königs. Das Herz des Königs
wäre krank ohne mein Bild ... Das Licht des Geistes

entspringt aus meinem Denken.
Der Himmel wurde wegen meiner
ursprünglichen Natur geschaffen und ... ich besitze
das geistige Königreich.
Ich bin nicht von gleicher Art wie Gott ... aber von ihm
erhalte ich sein Licht in einer ihm ähnlichen Gestalt.
(II, 1157ff.)

Rumi spielte bei der Erneuerung des Islam eine große Rolle, denn seine Werke wurden überall in der islamischen Welt gelesen, übersetzt und kommentiert. Und durch ihn flossen auch viele Inspirationen des großen und so tragisch zum Schweigen gebrachten Mystikers der Frühzeit, Al-Halladsch, in das Glaubensbewusstsein jener Muslime ein, die sich zu einem verinnerlichten Glauben fortentwickelt hatten.

Das Christentum hat sich zwar mit der arabischen Philosophie und Wissenschaft, aber leider viel zu wenig mit dem klassischen Sufismus beschäftigt. Vielleicht hätten sich beide Traditionen inspiriert und es wäre zur intensiven Begegnung und wohl auch zu einer gegenseitigen Bereicherung gekommen. Erst im letzten Drittel des 20. Jh. erwachte im »postkonfessionellen« Christentum ein gewisses Interesse an den reichen geistigen Schätzen anderer religiöser Traditionen – und dadurch auch an der islamischen Mystik. Auswirkungen auf die offizielle christliche Theologie sind aber noch nicht feststellbar.

Ähnlich schlecht war es auch um die Rezeption des Sufismus durch die islamischen Rechtsgelehrten bestellt: Die sunnitischen *Ulama* betrachteten die Mystik misstrauisch, sie sahen fremde, für die Rechtgläubigkeit gefährliche Einflüsse wirksam, beanstandeten die Missachtung der Tradition und witterten darin unterschwellige Sympathien für die »Schia«. Doch auch die Schiiten waren keine Freunde des Sufismus – es fehlte ihnen bei den Sufis die Konzentration auf Ali, der konsequente Bezug auf Muhammad und seine »rechtgeleiteten« Nachfolger – bis hin zu ihrer Erwartung des »Mahdi« als des »Verborgenen Imam« – und die Bereitschaft, sich zu einer theokratischen Gesellschaft zu bekennen und sich ihrem streng rationalistisch strukturierten Lehrsystem zu unterwerfen.

115

DAS ISLAMISCHE RELIGIONSGESETZ (SCHARĪA)

Der arabische Ausdruck für Religionsgesetz ist Scharīa. Man versteht darunter die Gesamtheit der dem Menschen geoffenbarten Willensäußerungen Gottes bzw. die Regelung des vorgeschriebenen Verhaltens der Menschen zu Allah und untereinander bzw. die Beurteilung und Wertung aller Lebensverhältnisse auf der Basis des **Koran** und der **Sunna** sowie die Übereinstimmung *(idschmā)* der Traditionen der verschiedenen **Madhhab** (= Rechtsschulen).

Schon vom Entstehen und von der spezifischen Struktur des Koran her handelt es sich bei der Scharīa aber um kein geoffenbartes Lehrsystem, sondern um eine nachträgliche Systematisierung der im Koran enthaltenen sowie aus dem Leben des Propheten überlieferten *(hadith)* und in der ursprünglichen islamischen Gemeinschaft *(umma)* praktizierten Lebensregeln und Gewohnheiten *(sunna)*, die im Laufe der Zeit von den verschiedenen Rechtsschulen gesammelt, geordnet und angewendet wurden.

Die Scharīa ist daher kein Gesetzbuch im europäischen Sinn des Wortes, sondern »eine lebendige Methode, die ständig gehandhabt und im Bedarfsfall erweitert werden muss«. (Heinz Halm)

Die Quellen der Scharīa

Der **Koran:** Er enthält nur wenig für die Gesetzgebung geeignetes Material. Von den mehr als 6000 Versen befassen sich nur 600 mit Gesetzesverpflichtungen, die aber zum Großteil religiöse Verpflichtungen betreffen, wie den Glauben, das Beten, das Fasten, die Nächstenliebe oder die Pilgerreise (also die sogenannten Fünf Säulen des Islam), so dass nur etwa 80 Verse übrig bleiben, in denen es um die Stellung der Frauen, um die Ehe, das Alkoholverbot oder Regeln für die Teilung des Erbes geht. Auch sie lassen aber nicht einmal Ansätze einer systematischen Rechtsordnung erkennen. Der Koran ist eben von seinem Ursprung her eine »Sammlung von Vorlesestücken bzw. Rezitationstexten«. (Karl Prenner)

Die Texte des Koran stammen alle von Muhammad bzw. sind als von Gott über den Erzengel Gabriel geoffenbart anzusehen, bzw. der Prophet wurde von Gabriel bei seinen Äußerungen inspiriert und diese wurden von vielen seinen Freunden und Begleitern beim ersten Mitteilen auswendig gelernt, aufgeschrieben, abgeschrieben und weitergegeben. Der Überlieferung zufolge ließ Uthmān, der dritte Kalif (gest. 656), die einzelnen Texte sammeln und gab dem Koran seine kanonische Fassung.

Dies wird freilich bereits sehr früh von den Schiiten und anderen Gruppierungen und zuletzt von der kritischen Islamforschung unserer Tage mit einigem Recht in Frage gestellt. »Einige Forscher bezweifeln sogar, dass es vor dem 9. Jh. eine vollständige Kompilation von Korantexten gegeben hat.« (Karl Prenner) Unter den islamischen Gelehrten wird ein solcher Zweifel allerdings nicht akzeptiert, sondern als »Attacke des Unglaubens auf den wahren Glauben« interpretiert und distanziert.

Da Muhammad in den letzten Jahren seines Lebens nicht nur ein religiöser Führer (»Prophet«), sondern zugleich auch der Herrscher eines rasch wachsenden islamischen Staates war, hat er sicherlich auch sehr viele detaillierte Verhaltensregeln erlassen, die nicht in den Koran aufgenommen wurden, aber ebenfalls von seinen Freunden, Mitarbeitern und Gefolgsleuten weitergegeben, als Weisungen akzeptiert und als »heilige Gesetze« eingehalten wurden, obwohl sie nicht als Offenbarungen oder Inspirationen im religiösen Sinn des Wortes zu verstehen waren und wohl anfangs auch nicht als solche verstanden worden sind.

Die Grenzen zwischen den Offenbarungen (die zuerst mündlich weitergegeben und später als Koranverse niedergeschrieben wurden) und politischen Weisungen oder Entscheidungen des Propheten (die ebenfalls mündlich weitergegeben und als erklärter Wille des Gesandten Gottes fallweise sicherlich auch schriftlich festgehalten wurden) sind daher fließend.

Und es ist anzunehmen, dass der von Uthmān gesammelte und kanonisierte Korantext (der im Original aber nicht erhalten ist!) auch solche politischen oder gesetzgeberischen Weisungen enthält, die teilweise gar nicht von Muhammad selbst, sondern von Nachfolgern stammen (= *Sunna* im weiteren Sinn), und unter Umständen auch anderen Koranversen widersprechen, da man die Inhalte offensichtlich nicht vereinheitlicht hat. Es klingt daher sehr plausibel, wenn Malise Ruthven sagt, dass »die frühesten Kalifen etwas von der charismatischen Macht des Propheten und seiner Freiheit zur Gesetzgebung erbten«.

Der **Hadith:** Auch die frömmsten Gelehrten halten sich darüber hinaus, wenn es um die Scharīa geht, nicht nur an den Koran und die in ihm geoffenbarten und vom Propheten als »Wort Gottes« verkündeten Lebensregeln und Verbote, sondern sie berücksichtigen auch das *Vorbild des Propheten:* Wie er sich in bestimmten Situationen verhalten hat, was er sagte und wie er reagierte, gilt im Islam von Anfang an als vorbildlich und verbindlich. Deshalb stellt der *Hadith* (= Prophetentradition) die zweite wichtige Quelle der Scharīa dar.

Das Problem liegt bei dem Hadith aber darin, dass auch hier – ähnlich wie beim Koran – für die Anfänge keine nachprüfbare Dokumentation der Quellen vorliegt, sondern eine schriftliche Lücke von zumindest drei Generationen besteht. Da aber auch die zahlreich vorhandenen Quellen aus dem 8. Jh. lückenhaft sind und teilweise aufgrund der politischen und religiösen Auseinandersetzungen einen deutlich tendenziösen Charakter haben – also Fälschungen sein könnten –, gibt es erst in der Mitte des 9. Jh. authentische Hadith-Sammlungen, die auch einer kritischen Prüfung standhalten bzw. als inspiriert gelten können.

Die beiden wichtigsten Sammlungen stammen von *Muhammad ibn Isma'il al-Buchari* (gest. 870) und von *Muslim ibn al Hadschdschadsch* (gest. 875) und werden als die Echten *(Sahihan)* bezeichnet.

Diese beiden Scharia-Autoritäten entwickelten ein konsequentes Prüf-System, demzufolge jede Überlieferung mit einer »Kette von Zeugen« *(isnad)* ausgestattet sein musste, die sich bis zum Propheten zurückverfolgen ließ. Malise Ruthven zu-

folge soll allein Buchari an die 600.000 Überlieferungen unter-
sucht und 200.000 von ihnen auswendig gelernt haben, ehe er
2700 als unanfechtbar erklärte und schriftlich festhielt. Dieses
Prüfverfahren bezog sich aber nur auf die *isnad* (= Bezeugung),
während die *Inhalte* der Überlieferungen von ihnen nie kritisch
geprüft wurden!

In den Auseinandersetzungen zwischen den Traditionalis-
ten (für die in allem das überlieferte Verhalten des Propheten
maßgeblich war) und den Rationalisten (die den Vorrang des
Koran gegenüber der Sunna verteidigten) fand der angesehene
Rechtsgelehrte **Schafi'i** eine salomonische Lösung: »Der Koran
widerspricht nicht den Hadith, sondern die Hadith erläutern
den Koran.« Wobei er deutlich zwischen der »Überlieferung
(= *sunna)* des Propheten« und der »Überlieferung seiner Gefährten« unterschied und klar machte, dass im Koran nicht nur
Offenbarungen durch Muhammad, sondern auch seine Interpretationen solcher Offenbarungen enthalten sind.

Weitere vier Sammlungen des 9. Jh. erhielten »kanonischen«
Rang *(Sunan);* sie stammen von *Ibn Madscha* (gest. 887), *Abu
Dawud* (gest. 889), *at-Tirmidi* (gest. 892) und *an-Nasā'ī* (gest.
915). In ihnen sind Tausende Aussprüche des Propheten Muhammad erhalten – und auch sie wurden aus Hunderttausen-
den herausgefiltert, die bereits in der frühen Abbasidenzeit
z. B. von *Mālik ibn Anas* (gest. 796) oder *Ahmad ibn Hanbal*
(gest. 855) gesammelt worden waren – sie umfassen insgesamt
etwa 7000 Druckseiten.

In diesen Hadith-Sammlungen und in der strikten Verpflich-
tung, sich in der konkreten Rechtsprechung und im allgemeinen Rechtsempfinden daran zu orientieren, hat daher deutlich
sichtbar der islamische **Fundamentalismus** seine Wurzeln. Die
hohe Wertschätzung Muhammads als des Gesandten Gottes
führte folgerichtig dazu, dass man in ihm den idealen Muslim
sah – »wer sich so verhält wie er, verhält sich richtig« (Heinz
Halm) –, dass man daher oftmals sein konkretes, situationsbe-
dingtes Verhalten verabsolutierte, aus den zeitgeschichtlichen
Bedingtheiten herauslöste und als vorbildlich für alle Muslime
und zu allen Zeiten ansah. Bedenkt man aber die geschichtliche, gesellschaftliche und technologisch-logistische Differenz
über fast vierzehn Jahrhunderte hinweg und vor allem auch

die große Palette der verschiedenartigsten Kulturen, in denen der Islam bestimmend wurde, dann wird deutlich, welche Probleme sich daraus z. B. für jene Muslime ergeben, die in den hochindustrialisierten modernen Bürgergesellschaften leben, sich daher z. B. an der UNO-Charta der Menschenrechte orientieren, zugleich aber an der traditionellen Scharīa festhalten wollen und sollen (»Euro-Islam«).

Die Madhhab: Auch das dritte Fundament der Scharīa, die *Madhhab* (= Rechtsschulen), weist große Verschiedenheiten auf. Sie verstehen sich eher als Weg und Methode denn als Urheber eines Rechts-Codex und sind kein Garant für eine einheitliche islamische Rechtsordnung und Rechtsprechung. Die Entwicklung der islamischen Jurisprudenz *(fiqh)* weist ja auch – infolge der bereits skizzierten differenzierten Entwicklung des gesamten Islam – je nach ihrer gesellschaftlichen Einbettung große Unterschiede auf. Die Träger der Rechtsschulen waren »fromme Privatgelehrte« (Heinz Halm), die in der Abbasidenzeit in den Dienst des Kalifats von Bagdad traten.

Als Gründerväter gelten *Abū Hanifa* (gest. 767) sowie seine beiden Schüler *Abū Yūsuf al-Kūfi* (gest. 798), der vom Kalifen Hārūn ar-Raschid (gest. 809) zum Obersten Richter seines Reiches ernannt wurde und auch für die Ernennung aller übrigen Richter zuständig war, und *Muhammad ibn al-Hasan al-Shaybani* (gest. 804). Sie legten alle drei großen Wert auf »selbständiges Raisonnieren und Argumentieren«, weshalb man die Rechtsschule von Kufa auch »Anhänger der eigenen Meinung« nannte (später **Hanafiten**); diese Rechtsschule ist heute vor allem in der Türkei und in den zentralasiatischen Republiken maßgeblich, aber auch in Indien und China sowie in Syrien, Jordanien und dem Libanon. Sie war übrigens auch in dem 1878 annektierten Bosnien-Herzegowina die von Österreich (1912) anerkannte islamische Religionsgemeinschaft. Sie ist daher dort anders als in Deutschland eine Körperschaft des öffentlichen Rechts im Sinne des Staatsgrundgesetzes.

Die Rechtsschule von Medina, als deren bekanntester Vertreter der erste namentlich bekannte Hadith-Sammler *Mālik ibn Anas* (gest. 795) gilt, hat – wohl infolge der damaligen politischen Isolation der Ursprungsregion des Islam – viel stärker als alle anderen die lokale Tradition der Stadt des Propheten bewahrt, weshalb man sie »Anhänger der Tradition« nannte (später **Malikiten**). Diese Rechtsschule wurde vor allem in Nordafrika und Spanien bestimmend und hat heute vor allem in Nord- und Westafrika Geltung.

Als dritte Rechtsschule gilt die Lehre des Begründers der islamischen Rechtstheorie *Muhammad ibn Idris al-Schāfi'i* (gest. 820), der ein Schüler der beiden schon genannten Richtungen war, in Kairo lehrte und mit seinen beiden Hauptwerken »Der Traktat« *(ar-Risāla)* und »Das Grundwerk« *(Kitāb al-Umm)* über Koran und Sunna/Hadith hinaus auch den Analogieschluss *(qiyās)* und den Konsens der Gesamtgemeinde *(idschmā')* als generelle Grundprinzipien der islamischen Rechtsfindung installierte und damit über seine Rechtsschule hinaus allgemeine Bedeutung erlangte und als der bedeutendste und einflussreichste frühe Rechtsgelehrte des Islam gilt. Er ist bis heute sehr populär und wird von vielen einfachen Menschen als Heiliger *(marabut)* verehrt, auf dessen Fürbitte bei Allah und tatkräftige Hilfe vom Jenseits her man in verzwickten Situationen oder Rechtsstreitigkeiten felsenfest vertraut.

Im Jahr 1965 wurde eine Auswahl solcher Bitten veröffentlicht, die von gläubigen Verehrern auf Zetteln an das Eisengitter, das sein Grabmal in Kairo umgibt, geheftet worden waren. Das folgende Text-Beispiel lässt gut die fromme Erwartung erkennen:

Ich bin der Brotverdiener einer großen Familie, kann aber das Brot nicht beschaffen, weil ich nichts verdiene. Ich schrieb – o Imam, mein Meister – an den Direktor der staatlichen Fabrik und habe ihm meine Lage geschildert, aber er hat sich nicht um mich gekümmert. So hoffe ich, dass du dich meines Falls annimmst und dafür sorgst, dass ich eine Anstellung in einer der staatlichen Fabriken bekomme, so dass ich leben kann und Brot habe für meine Kinder. Ich habe sonst niemand, an den ich mich wenden könnte. So hilf mir um des Großvaters der Gläubigen willen, unseres Herrn Muhammad, und um des Korans willen.

Dass dieser führende Intellektuelle des frühen Islam von ägyptischen »Sozialfällen« als Heiliger verehrt wird, ist darauf zurückzuführen, dass er als Garant der Gerechtigkeit angesehen wurde. Durch seine Systematisierung des Rechts *(fiqh)*

schuf er den Gesamtrahmen für die in allen islamischen Gesellschaften gültige Scharīa und wurde so zum großen Einiger
des Islam über alle Gruppierungen, Schulen, kulturellen und
politischen Konstellationen und Entwicklungen hinweg.

Die auf Schafi'i zurückgehende und über Jahrhunderte hinweg in Ägypten, Syrien und Persien maßgebliche Rechtsschule
der **Schafiiten** verlor zwar aufgrund der politischen Entwicklungen ihren Einfluss im Iran wieder, ist aber heute noch füh-
rend in Indien, Indonesien und unter den Muslimen Ostafrikas
und hat auch zahlreiche Anhänger unter sunnitischen Muslimen in vielen anderen Ländern. Sie ist nach den Hanafiten die
zweitstärkste Gruppe.

Als vierte Madhhab-Schule hat sich die des in Bagdad lehrenden konservativen Gelehrten und Predigers *Ahmad ibn
Hanbal* (gest. 855) etabliert, der auf der Basis der von ihm ge-
sammelten Prophetensprüche *(Musnad)* auf der Arabischen
Halbinsel für die **Hanbaliten** maßgeblich wurde und in den
Auseinandersetzungen mit den islamischen Theosophen und
spekulativen Philosophen – in der Zeit des Mongolensturms
und der Kreuzfahrer – vor allem durch *Taqij ad-Din ibn Taymiyya* (gest. 1327) Verbreitung fand, der zu einer starken Stütze der sunnitischen Rechtgläubigkeit wurde. Ibn Taymiyya verbrachte viele Jahre seines Lebens im Gefängnis und entwickelte
eine sehr scharfsinnige, oft spitzfindige Auslegung des Gesetzes *(idschdihat)*, um eine Anwendung auch auf neue Fragen
und Probleme zu ermöglichen. Dieses Rechtssystem war zwar
konservativ, aber keineswegs so starr wie kodifiziertes Recht.
Oberste Norm für alle Hanbaliten war, dass sie »Koran und
Sunna nicht zuerst als Quellen des Gesetzes, sondern als Gesetz
selbst verstanden«. (Malise Ruthven)

Einen starken Aufschwung nahm diese Schule, als sich in
der zweiten Hälfte des 18. Jh. der gelehrte Mitbegründer des
ursprünglichen saudischen Staates *Muhammad ibn Abd al-
Wahhāb* (gest. 1792) gegen Ausuferungen der Heiligenvereh-
rung, des Gräberkultes und anderer Volksbräuche zur Wehr
setzte und dazu aufrief, dem ursprünglichen Geist des Islam
zu folgen. Seine Lehre ist die Grundlage der Reformbewegung
der **Wahhabiten** und der saudischen Monarchie, die sich seit
der Mitte des 20. Jh. »einer Quasi-Kalifenrolle erfreut« (Malise

VERLAGSHAUS RÖMERWEG

BUP CORSO EDITION ERDMANN WALDEMAR KRAMER MARIX WEIMARER VERLAGSGESELLSCHAFT

CORSO

EDITION ERDMANN

Diese Karte entnahm ich dem Buch:

_____

☐ Bitte senden Sie mir Ihr Büchermagazin.

☐ Bitte informieren Sie mich über Ihre Neuerscheinungen.

☐ Ja, ich möchte Ihren Newsletter erhalten.

Alle Informationen unter www.verlagshausroemerweg.de

Absender

Name, Vorname

Straße, Nr.

Plz, Ort

Telefonnummer*

Faxnummer*

E-Mail*

Unterschrift

*freiwillige Angabe

Für Ihre schnelle Anfrage:
info@verlagshausroemerweg.de

Rückantwort

Verlagshaus Römerweg GmbH
Römerweg 10
D-65187 Wiesbaden

Ruthven), aber wegen ihrer prowestlichen Haltung auch heftig kritisiert wurde und wird.

Sunniten und Schiiten

Die vier Rechtsschulen anerkennen einander trotz mancher Differenzen als rechtgläubig. Sie suchen die **Idschma** (= Übereinstimmung, Konsens) zumindest in den wichtigsten Lehren und Rechtsauffassungen und respektieren einander als »Leute der Tradition und der Gemeinschaft«, d. h. konkret als **Sunniten**.

Mitglied einer Rechtsschule wird man durch das erfolgreich abgeschlossene Studium des traditionellen religiösen Rechts. Seit dem 9. Jh. gibt es in Zentralasien und im Ostiran eigene religiöse Lehranstalten *(Medresen;* Einzahl: *madrasa),* die sich aus der privaten Gelehrsamkeit entwickelt haben und sich unter den Seldschuken-Sultanen auch in den westlicher gelegenen muslimischen Ländern durchsetzten.

Die **Schiiten** entwickelten im Gegensatz zu den Sunniten eine gewisse »Dogmatisierung« der Rechtsgrundsätze und eine strenge Rangordnung der gelehrten *Mullāhs* und *Ayatollāhs* und betrachteten ihre Lehre als die einzig gültige Rechtsschule. Nach dem 6. Imam *Dscha'far as-Sadiq* (gest. 765) nennen sie sich **Zadikiten** oder **Dschafariten** und opponieren entschieden gegen die Gleichberechtigung der anderen (sunnitischen) Schulen, deren Rechtgläubigkeit sie bestreiten.

Im Gegensatz zu den ausgesprochen hierarchischen Strukturen der Schia, die darin der römisch-katholischen Kirche ähnlich ist, entwickelten aber die **Sunniten** nie ein ausgesprochenes Lehramt, sondern setzten auf einen Grundkonsens über das Wesen des Islam und überließen die konkrete Ausformung und Wahrheitsfindung dem Dialog der Gelehrten *(al-ulamā).*

Bis in das 19. Jh. boten die von muslimischen Herrschern regierten Staaten einem graduierten *'ālim* ein reiches Betätigungsfeld als Rechtsgutachter, Notar oder Richter bzw. als Prediger, Lehrer oder Professor. Im Zug des politischen und gesellschaftlichen Niedergangs der muslimischen Groß-Reiche – also in den neu entstandenen Territorialstaaten – wurde die Gültigkeit der Scharīa und damit auch die Bedeutung der Ulamā stark eingeschränkt. Die Prinzipien der Rechtsstaatlichkeit, die Integration der islamischen Staaten in die internationale Völkergemeinschaft und das westliche Bildungssystem brachen die viele Jahrhunderte hindurch bestehende gesellschaftliche und politische Vorrangstellung und Bedeutung des Gelehrtenstandes und wiesen ihm – ganz im Sinne des Prinzips »Religion ist Privatsache« – eine bloß innerreligiöse Funktion zu. Die Türkei des Kemal Atatürk, der Iran der Pahlevi-Schahs oder Tunesien unter Präsident Bourguiba waren dafür typische Beispiele. In allen drei Ländern haben aber starke Gegenbewegungen diese Entwicklung im letzten Drittel des vergangenen Jahrhunderts wieder in Frage gestellt, gestoppt oder im Iran durch eine Revolution umgedreht.

Die allgemeine Säkularisierungsbewegung der Neuzeit erfasste im 20. Jh. nicht nur die Staaten mit christlicher oder anderer religiöser Tradition bzw. Orientierung, sondern auch alle islamisch orientierten. Sie verlief aber in den einzelnen Ländern höchst unterschiedlich und kann daher nicht pauschal abgehandelt werden.

In **Ägypten** z. B. liefen die Säkularisierungs- und die Re-Islamisierungs-Bewegung parallel. Nachdem der sozialistisch orientierte Präsident Gamal Abdel-Nasser die Verfassung von allen Scharīa-Inhalten gereinigt hatte, reklamierte sie die Moslem-Bruderschaft wieder hinein und erreichte 1971 (» … die Prinzipien der Scharīa sind eine Hauptquelle der Gesetzgebung«) bzw. 1982 (» … die Prinzipien der Scharīa sind die Hauptquelle der Gesetzgebung«) eine deutliche Trendwende, ohne dass damit aber die konkrete Gesetzgebung tatsächlich abgeändert wurde, es sollte nur »immer im Geist des Islam gehandelt und geurteilt« werden (Heinz Halm). Die hohe Wertschätzung für die traditionsreiche fatimidische al-Azhar-Moschee und die von ihr repräsentierte Scharīa-Tradition wurde dabei nie grundsätzlich in Frage gestellt.

In **Pakistan,** im **Sudan,** in **Indonesien** oder in **Saudi-Arabien** versuchte man die Scharīa zu kodifizieren, ließ also die konkret ausgeformten Traditionen in moderne Paragraphen einfließen, stand damit aber doch in vielen Bereichen an und muss de facto einen Pluralismus tolerieren, wobei es in einigen Punkten sogar einen lückenlosen Konsens darüber gibt, nicht alle Forderungen der Scharīa (z. B. die Sklaverei) aufrecht zu erhalten. Die Scharīa als das Heilige Gesetz des Islam kann daher »zugleich als seine größte Errungenschaft und sein herausragendster Fehlschlag« verstanden werden (Malise Ruthven).

Errungenschaft deshalb, weil es Menschen von Marokko bis China und von Zentralasien bis Südafrika, die durch einen gemeinsamen Glauben verbunden sind, durch Berufung auf göttliches Recht auch ein gemeinschaftliches kulturelles Muster und darüber hinaus auch gewisse gemeinsame Verhaltensmuster vermittelte. Diese ermöglichten ihnen, sich trotz aller Verschiedenheiten über viele Jahrhunderte hinweg als Muslime zu fühlen und in der Befolgung der konkreten Anweisungen des Propheten Muhammad ihre persönliche Identität zu finden, ja zeitweise eine führende kulturelle und intellektuelle Rolle zu spielen.

Fehlschlag deshalb, weil es durch seine Vereinfachungen und Verkürzungen – »die Scharīa regelt theoretisch jeden Aspekt muslimischen Lebens von den Bewegungen während des Gebetes bis hin zur Darmentleerung« (Ruthven) – weder die spirituellen Ansprüche des Propheten noch seine Vision der politischen Einigung aller an den einen Gott Glaubenden realisieren konnte. Die persönliche Frömmigkeit und spirituelle Entwicklung des Einzelnen wurde bis zur Unerträglichkeit formalisiert und gleichgeschaltet. Und die Entwicklung einer humanen, toleranten und flexiblen Rechts- und Gesellschaftsordnung wurde durch Verabsolutierung bestimmter zeitbedingter und ideologisch fixierter Perspektiven bis heute nachhaltig blockiert.

Das islamische Rechtssystem

Was die Scharīa an einzelnen konkreten Vorschriften enthält, ist also zum Teil unterschiedlich gefasst, weil die einzelnen Rechtsschulen verschiedene Schwerpunkte setzen. Trotzdem lässt sich eine weit verbreitete Kategorisierung menschlicher Handlungen feststellen, die zugleich eine moralische Bewertung bedeutet und auch rechtliche Konsequenzen nach sich ziehen kann.

Von dem in Münster lehrenden Prof. Adel Theodor Khoury stammt die folgende Übersicht:

Eine Handlung ist **geboten** *(wādjib), wenn sie als Pflicht gilt.*

Wer diese Pflicht erfüllt, verdient Lob. Wer sie verletzt oder unterlässt, verdient Strafe.

*Eine Handlung ist **empfohlen** (mandūb) bzw. wünschenswert oder liebenswert (mustahabb), wenn sie das Leben der einzelnen Gläubigen oder der Gemeinschaft fördert. Wer sich danach richtet, wird gelobt bzw. belohnt. Wer sich darüber hinwegsetzt, wird jedoch nicht getadelt oder gar bestraft.*

*Eine Handlung ist **erlaubt** (mubāh), wenn sie moralisch bzw. rechtlich einen neutralen Wert hat. So ist ihre Verrichtung oder Unterlassung kein Gegenstand von Belohnung oder Bestrafung.*

*Eine Handlung ist **verpönt** (makrūh), wenn deren Unterlassung belohnt, deren Verrichtung jedoch nicht bestraft wird.*

*Eine Handlung ist **verboten** (harām), wenn es Pflicht des Gläubigen ist, sie zu meiden. Wer sie dennoch verrichtet, setzt sich der Strafe aus; wer sie meidet, verdient Lob bzw. Belohnung.*

*Das islamische Rechtssystem befasst sich mit **religiösen Pflich**ten (ibādāt); **Familienrecht; Erb-, Eigentums- und Vertragsrecht** (mu'āmalāt); **Straf- und Prozessrecht; Verwaltungsrecht; Kriegsrecht.***

Die praktische Anwendung des islamischen Gesetzes im Leben obliegt den einzelnen Gläubigen und auch der Gemeinschaft. Von Amts wegen haben der Gesamtleiter der islamischen Gemeinschaft (Kalif, Imam, Sultan usw.) und die Richter (qādi) die Aufgabe, das Gesetz zur Anwendung zu bringen. Ihnen steht als Beratungsinstanz der private Rechtsgelehrte (faqih, ālim) oder beamtete Rechtsgelehrte (mufti) zur Seite.

Diese Rechtsgelehrten erstellen ein Rechtsgutachten *(fatwā)* auf der Basis des islamischen Religionsgesetzes in grundsätzlich allen offenen Fragen. Sie sind daher in der islamischen Welt etwas Alltägliches. Da eine **Fatwa** sich aber immer streng an Koran und Sunna zu orientieren hat und auch noch von der jeweiligen Rechtsschultradition des Gutachters abhängig ist und von »Kollegen« kommentiert oder kritisiert wird, kann zwar jedermann eine Fatwa bestellen, aber nur Experten eine solche formulieren.

Bei den Schiiten sind die Fatwas de facto den höchsten Rängen der geistlichen Hierarchie vorbehalten, so dass in wichtigen Angelegenheiten seit 1979 nur der Revolutionsführer Fatwas erstellt. In anderen islamisch dominierten Ländern gibt es beamtete Rechtsgelehrte *(mufti)*, in Ägypten z. B. einen »Gutachter der Republik« *(mufti al-gumhūrriyya)*.

Eine Fatwa ist aber grundsätzlich unverbindlich. Ob sich derjenige, der sie bestellt hat, daran hält, liegt allein bei ihm und seinem Gewissen. Natürlich spielt es eine große Rolle, von wem eine Fatwa stammt. Wenn es eine angesehene Autorität ist, halten sich viele daran und nehmen es als eine Orientierungshilfe. So sind z. B. die in einer eigenen Zeitschrift veröffentlichten Fatwas des Expertengremiums der Azhar-Universität in Kairo sehr begehrt.

Wie da und dort schon angedeutet, gibt es neben dem Koran, der Tradition und dem Konsens der Rechtsschulen noch weitere, **sekundäre Quellen des islamischen Rechts** bzw. Techniken zur Feststellung dessen, was geboten oder verboten ist bzw. der Beliebigkeit überlassen bleibt. A. Th. Khoury unterscheidet:

Die *Analogie* (qiyas): Nach dem Ähnlichkeitsgesetz werden bisher nicht ausdrücklich gemachte Bewertungen vorgenommen; z. B. vom Verbot des Weins im Koran (z. B. 2,220; 4,44) wird auf das Verbot aller alkoholhaltigen Substanzen und wegen der berauschenden Wirkung auch auf das Verbot von Rauschgift geschlossen.

Der *Brauch* (urf): In nicht eindeutig lösbaren Fällen kann auf alte Bräuche zurückgegriffen werden, die in einer bestimmten Region (Gemeinschaft) Gültigkeit haben (z. B. altarabische Stammestraditionen)

Das *Gewohnheitsrecht* (āda): Bei der Bevölkerung oder bei einer bestimmten Gruppe seit langem übliche Deutungen der Rechtslage, die nicht in direktem Gegensatz zu einer Vorschrift aus Koran etc. stehen, können als Basis des Gesellschaftsrechtes herangezogen werden.

Das *eigene Urteil* (ra'y): Wenn aus den primären oder sekundären Quellen des Rechts in einer bestimmten Frage keine Klärung zu entnehmen ist, hat der Rechtsgelehrte die Pflicht, unter Heranziehung seines Gewissens und Glaubens eine Entscheidung zu finden und zu begründen.

Das *Für-gut-Halten* (istihsān): Wenn der Rechtsgelehrte aus guten Gründen von der allgemeinen Regel oder Praxis abweichen und eine Ausnahme machen zu müssen glaubt.

Das *Interesse der Gläubigen* (maslaha): Unter bestimmten Umständen kann der Rechtsgelehrte bei mehreren Möglichkeiten das für die Gläubigen Günstige festlegen (istislāh), da das islamische Gesetz ja das für den Menschen Gute verwirklichen will.

Die *Wahrung der Gerechtigkeit* (insāf) ist im Spiel, wenn der Rechtsgelehrte zur Förderung der Anliegen der Gläubigen das Prinzip der Billigkeit anwendet. Dies wird z. B. dann angewendet, wenn man bei einem Beschuldigten so lange von der Unschuldsvermutung ausgeht, bis das Gegenteil bewiesen ist (istishāb).

Auch die *Erleichterung der Gesetzesbestimmungen* ist eine eindeutige Tendenz des islamischen Gesetzes und sollte im Zweifelsfall berücksichtigt werden – sie kann sich auf direkte Weisungen Allahs berufen; z. B. 42,20: »Allah ist gütig gegen seine Diener und versorgt, wen er will.« Oder 2,186: »Allah will es euch leicht machen und nicht schwer.«

Die rechtliche Stellung der Frau

Abschließend sei die **rechtliche Stellung der Frau** im Islam als ein Beispiel dafür angeführt, inwieweit die Scharīa als »Errungenschaft und Fehlschlag zugleich« angesehen werden kann. Es ist ein Thema, das Muhammad sehr am Herzen lag, das aber heute von vielen als großes Manko im islamischen Religionsgesetz angesehen wird: »In den Jahrhunderten, die dem Heraufkommen des Islam folgten, ist eine fortschreitende Verschlechterung im Status und in der Ausbildung der muslimischen Frauen festzustellen.« (Ruthven)

Im Vergleich der im 7. Jh. im Territorium der islamischen Expansionsbewegung anzutreffenden sozialen Verhältnisse erfreuten sich die Frauen Arabiens eines vergleichsweise hohen Sozialstatus innerhalb der herrschenden patriarchalischen Ordnung. Die Gesetzgebung des Koran war bemüht, ihn weiter zu verbessern, indem sie den Frauen einklagbare Erbrechte und in bestimmten Fällen die Nutzung des Brautpreises zugestand oder eine allgemeine Gleichberechtigung von Männern und Frauen vor Gott zusicherte.

Die Ungleichheiten freilich waren noch weitaus größer:

Menstruierende Frauen gelten auch im Koran als unrein, das gesetzliche Erbteil weiblicher Nachkommen ist nur halb so groß wie das der männlichen, ebenso gilt auch die Zeugenaussage einer Frau nur halb so viel wie die eines Mannes, und man betrachtete weiterhin die Frauen den Männern seelisch wie intellektuell unterlegen. Vgl. z. B. Sure 4, 34: *Die Männer stehen über den Frauen, weil Gott sie ausgezeichnet hat, und wegen der Ausgaben, die sie von ihrem Vermögen gemacht haben.*

Deutlich wird dieser Nachrang auch, wenn den Männern vier Frauen zugestanden wird, Frauen aber nur einen Mann heiraten dürfen – oder wenn ein Muslim auch Nichtmusliminnen heiraten darf und diese nicht Musliminnen werden müssen. Umgekehrt darf eine Muslima nur mit einem Muslim verheiratet sein. Sure 2, 230ff. regelt z. B. das Scheidungsrecht völlig einseitig zugunsten der Männer und gegen die Frauen. Und dies ist bis zur Gegenwart so, was z. B. die Ablehnung eines Rechtsgutachtens des höchsten Mufti der ägyptischen Republik – das einen Regierungsentwurf zur Verbesserung der Scheidungsrechte der Frauen unterstützte – durch die konservative Parlamentsmehrheit im Jahr 1999 beweist.

Ähnlich ist es bei der Beschränkung der Frau auf das Haus, bei der Praxis der Kinderehe, der Verwandtenehe (Cousin und Cousine ersten Grades) oder bei der Verheiratung von Mädchen ohne deren Zustimmung. Auch die teilweise rigorosen Kleidervorschriften für Frauen (Tschador, Gesichtsschleier oder Kopftuch) in manchen Ländern (Iran, Algerien, Afghanistan etc.) gehen weit über den Koran (vgl. Sure 24, 32) und den Hadith hinaus. Sie sind ein aktuelles Beispiel dafür, dass die Scharīa von archaischen Traditionen dominiert werden kann und selbst oft nicht imstande ist, solchen Missbrauch der Scharīa durch fundamentalistische Gruppen wirkungsvoll abzustellen.

Viele Jahrhunderte hindurch sahen die Rechtsgelehrten und religiösen Führer des Islam ihre wichtigste Aufgabe darin, die im wesentlichen theokratische (= Gott ist der Herrscher) Überlieferung des Islam zu bewahren, getreulich zu wiederholen und weiterzugeben. Nur in der Anwendung auf den Einzelfall nahm man sich – im Dienst am einzelnen Gläubigen, vor allem männlichen Geschlechts – gewisse Freiheiten heraus und begründete dies bewusst oder unbewusst mit dem die ganze

Scharīa tragenden »kompromisslosen Individualismus« (Ruthven).

Die in den meisten anderen Gesellschaften der Erde seit mehr als drei Jahrhunderten wirksame Säkularisierung bewirkte in den meisten Religionen eine Emanzipation der Gläubigen, schuf Freiräume für Eigenverantwortlichkeit und Selbstbestimmung und hatte vielfach eine bewusst vollzogene Befreiung des gläubigen Bewusstseins von klerikaler Indoktrination zur Folge. Sie griff im Islam nur in Einzelfällen (z. B. in der Türkei des Atatürk) und erfasste bei weitem nicht das gesamte religiös fundierte Rechtsdenken und noch weniger die für den Islam typische verordnete Frömmigkeit, wie sie in den **fünf religiösen Grundpflichten** (Eingottglaube, Tägliches Gebet, Ramadan-Fasten, Sozialabgabe, Wallfahrt nach Mekka) zum Ausdruck kommt.

Im Weg stand das Prinzip *din wa dunja* (= Einheit von Religion und Welt), das die Entwicklung zum modernen Staatsgebilde mit seinen Grundprinzipien »Trennung von Kirche und Staat«, »alle Macht geht vom Volk aus« bzw. »Religion ist Privatsache« unmöglich machte oder doch beträchtlich behinderte.

MUSLIME IN DEUTSCHLAND

Da der Islam keine kirchenähnliche Organisationsstruktur aufweist und wegen seiner sehr unterschiedlichen Ausrichtungen keine gemeinsame Leitung hat, kam bisher in Deutschland der Abschluss einer rechtlichen Regelungen zwischen Staat und Religionsgemeinschaft nicht zustande.

Die etwa 3,3 Millionen in Deutschland lebenden Muslime haben sich in verschiedenen Vereinen (meist handelt es sich um Trägervereine der mehr als 2.000 Moscheen) organisiert, bei denen die »Landsmannschaft« und die »bekenntnismäßige Zusammengehörigkeit« die unterscheidenden Kriterien bilden. Sie unterstehen damit vereinsrechtlichen Bestimmungen und berufen sich außerdem auf Artikel 4, Abs. 1 und 2 des deutschen Grundgesetzes: »*Die Freiheit des Glaubens, des Gewissens und die Freiheit des religiösen und weltanschaulichen Bekenntnisses sind unverletzlich. Die ungestörte Religionsausübung wird gewährleistet.*«

Der Islam hat jedoch ein grundsätzlich anderes, auf der »Scharīa« basierendes Verständnis von Religionsfreiheit: In Ländern, wo der Islam Staatsreligion und die Scharīa Basis der staatlichen Gesetzgebung ist, gilt jeder Nicht-Muslim als »Ungläubiger«. Für »Schrift-Besitzer« (Juden, Christen) gelten Schutzrechtbestimmungen für freie Religionsausübung, die aber folgende Verpflichtungen inkludieren: Kopfsteuer, Loyalität gegenüber dem Staat, Verzicht auf Kritik und Missionierung. Alle anderen Religionen und Weltanschauungen genießen keine Religionsfreiheit.

Die wichtigsten **islamischen Vereine in Deutschland** sind:

DITIB (Türkisch-islamische Union der Anstalt für Religionen e.V.); ca. 400 Moscheen. Sie untersteht dem türkischen Ministerium für religiöse Angelegenheiten; ist also abhängig von der jeweiligen türkischen Staatsideologie bzw. von der zunehmenden Re-islamisierung. Sie bekämpft die (für sie: ketzerische) Ahmadiyya-Gemeinschaft.

IGMG (Islamische Gemeinschaft Milli Görüs e.V.); ca. 550 Moscheen. Sie ist die stärkste islamistische Gruppierung in Deutschland und steht unter Beobachtung des Verfassungsschutzes. Sie bildet deshalb Tarnorganisationen, um ihre radikalen Absichten zu verschleiern.

VIKZ (= Verband Islamischer Kulturzentren des Geheimordens der Süleymancilar). Sie geht zurück auf Süleyman Effendi (1888–1959), der nach der Säkularisierung in der Türkei Tausende Lehrer im eigenen Haus ausbildete und damit die islamische Lehr- und Bildungstradition aufrecht erhielt. Nach dem Militärputsch 1971 wurden die Süleymancilar in der Türkei verfolgt. Viele gingen als »Gastarbeiter« nach Deutschland und setzten hier ihr stark eschatologisch und islamistisch-autoritär orientiertes Engagement fort (derzeit ca. 20.000 Mitglieder in mehr als 300 Zentren = Moscheen). Als Derwisch-Orden stehen sie dem Nakshibandi-Sufi-Orden (in Deutschland »Die neuen Osmanen«) nahe; Großscheich Muhammad Nazim al-Haqqani leitet von Zypern aus den weltweit verbreiteten Orden und steht in Kontakt mit der griechischen Orthodoxie (Patriarch Bartolomaios) und der römisch-katholischen Kirche (Papst Benedikt XVI.).

ATIB (= Union der Türkisch-Islamischen Kulturvereine in Europa e.V.). 1987 von Musa Serdar Celebi gegründet, Sitz in Köln; heute Dachverband von etwa 100 Moschee-Vereinen; Nähe zum Sufismus und zu den »Grauen Wölfen«; türkischnational und konservativ eingestellt.

Deutschland Türk Föderation (»Graue Wölfe«). Sie geht zurück auf den türkischen Nationalsozialismus in der Hitlerzeit (»Wir sind Anhänger des Grauen Wolfes Bozkurtcu und glauben, dass die türkische Rasse und Nation allen überlegen ist …«); »graue Wölfe« war der Name von türkischen Antiterror-Kommandoeinheiten; heute wird dieses Gedankengut in der Türkei von der MHP (= Partei der nationalistischen Bewegung) vertreten. In Deutschland seit 1975 mit Unterstützung von CSU-Politikern aufgebaut, 1978 offiziell gegründet. Heute ca. 200 Moscheen, weit verbreitet in vielen lokalen Bewegungen und Vereinen (»Idealistische Jugend« u. a.)

ICCB (= Verband der Islamischen Vereine und Gemeinden e.V.; seit 1992 umbenannt in: Der Kalifatstaat; mehr als 70 Moscheen). Er orientiert sich an der »Islamischen Verfassung« (mit stark anti-demokratischen und anti-christlichen Maximen und militanten Methoden » ... bis überall nur noch Allah verehrt wird«.) »Kalif von Köln« Metin Káplan wurde Ende 2000 wegen subversiver Tätigkeit und krimineller Aktivitäten zu vier Jahren Haft und hoher Geldstrafe verurteilt und 204 in die Türkei abgeschoben und dort inhaftiert.

MB (= Muslimbruderschaft). Sie hat Verbindungen zur »Islamischen Weltliga« und zu »Hamas« und »Al-Dschihad«. Sunnitisch-arabische Extremisten (»Kämpfer für den wahren Geist des Islam«), gegründet 1928 von Hasan al-Bannâ in Kairo; international verbreitet, verantwortlich für Anschläge und Attentate, arbeitet in Deutschland über »Islamische Zentren« (IZ)

IZM (= Islamisches Zentrum München); Träger: Muslimbruderschaft, 1960 als »Islamische Gemeinschaft in Deutschland e.V.« gegründet; die extremistische Ausrichtung ist nicht immer erkennbar.

IZH (= Islamisches Zentrum Hamburg an der Imam-Ali-Moschee); sie ist die ideologische Zentrale Westeuropas der Iranischen Revolution; von 1978–1980 war der frühere iranische Ministerpräsident Khatamî Leiter des IZH.

Ahmadiyya-Muslimgemeinschaft; sie wurde 1889 vom Inder Mirza Ghulam Ahmad (1839–1908) gegründet, der behauptete, eine Inkarnation Krishnas, Jesu und Muhammads und der angekündigte »Mahdi« zu sein. 1976 von Pakistan aus der Umma ausgeschlossen; weltweit verbreitet (ca. 20 Millionen), in Deutschland ca. 30.000 Mitglieder in 250 Gemeinden, sehr expansiv. Wegen der Berufung auf neue Offenbarungen und synkretistischer Ausrichtung (»Interreligiöser Dialog«) von den übrigen Muslimen abgelehnt und bekämpft (»Tötet die Ahmadis!«).

Nurdschular-Geheimorden; gegründet vom Türken Said Nursi (1876–1960), einem Gegner der Trennung von Staat und Islam durch Kemal Atatürk. Sein Buch »Abhandlungen über das göttliche Licht« (Risale i Nur) ist für die Anhänger genauso verbindlich wie Koran und Hadith; weltweit etwa 10 Millionen Anhänger, geführt von einem Welt-Imam. Seit 1967 in Deutschland; 1979 Dachverband »Jama'at-un-Nur« mit Sitz in Köln; mehr als 120 Moscheen. Starke Schriftmission über mehrere Verlage; gezielter Einsatz der »Takiya«(= Verhüllungs)-Strategie (= Dispens von den Forderungen des Islam bei drohendem Schaden und unter Zwang, um auf dem Weg Allahs erfolgreich zu sein). Besonders stark in der Jugendarbeit engagiert.

Als **Dachorganisationen** (in die zahlreiche örtliche Vereine eingebunden sind) fungieren:

ZMD (= Zentralrat der Muslime in Deutschland) seit 1994;

IK (= Islamisches Konzil in Deutschland) von den Saudis gefördert;

IR (= Islamrat für die Bundesrepublik Deutschland) seit 1986;

SCHURA (= Rat der islamischen Gemeinschaften in Hamburg e.V.) seit 1999;

TDM (= Treffen deutschsprachiger Muslime).

MUSLIMISCHE RITEN UND FESTE

Trotz der minutiösen Reglementierung des *Salāt* (2. Säule: Rituelles Gebet) und der *Hadsch* (5. Säule: Pilgerfahrt nach Mekka) hat der Islam im Vergleich zur römisch-katholischen Kirche oder zu den orthodoxen Kirchen des Christentums oder auch zum Hinduismus oder Shintoismus relativ wenige Rituale. Er hat weder einen **Kult** (Liturgie) noch einen **Priesterstand** entwickelt und weist nur minimale Kirchen-Strukturen auf.

Damit hängt es auch zusammen, dass die **Moschee** nicht als Gotteshaus oder Tempel – d. h. als sakraler Ort, wo Gott wohnt und sich die Begegnung der Menschen mit Gott vollzieht – angesehen wird, sondern eher nur funktionale Bedeutung hat. Diese besteht hauptsächlich darin, dass Muslime dort zum gemeinsamen (rituellen) Gebet – besonders zum Freitagsgebet, dem wöchentlichen Hauptgottesdienst mit Predigt – zusammenkommen können und dabei ungestört sind. Im Laufe der Zeit wurde zwar im Zuge der kulturellen und künstlerischen Entwicklung und vor allem in der Blütezeit z. B. der Umaiyaden-Dynastie in Spanien oder während der Seldschukenzeit im Iran die Moschee mit allen zur Verfügung stehenden kreativen Mitteln künstlerisch ausgestaltet. Das geschah allerdings nicht nach überregional-religiösen Gesichtspunkten, sondern nach lokalen Geschmackskriterien. Sie hat selbst in den prächtigsten Gebäuden nie ihre ursprüngliche praktische Bedeutung (»Ort des Niederwerfens«, »Versammlungsort der Gläubigen«, »Unterrichtshalle«, »Gästehaus für Reisende« usw.) verloren.

Wenn man beim Betreten der Moschee die Schuhe ausziehen soll, so nicht wegen der Sakralität des Gebäudes, sondern wegen der kultischen Reinheitsvorschrift des Ortes, an dem man betet (vgl. das vorgeschriebene Reinigungsritual beim *Salāt*). Beten kann man aber überall – weshalb der fromme Muslim, wenn er auf Reisen ist, seinen **Gebetsteppich** *(sadschāda)* immer dabei haben soll, um dem Reinheitsgebot genügen zu können.

Die einzige Ausnahme von dieser Regel ist wohl die Kaaba, jener uralte kleine Tempel im Innenhof der Großen Moschee von Mekka, der als heiligster Ort des Islam gilt. Aber heilig ist auch die Kaaba nicht als Tempel – er ist leer und wird praktisch nicht benützt –, sondern der eingemauerte »Schwarze Stein« ist der Grund der Heiligkeit dieses Ortes. Er verweist auf Adam, der nach der frommen Überlieferung von Gott beim Ausschluss aus dem Paradies einen Stein als handgreifliches Zeichen der trotz allem fortbestehenden Gnade Gottes erhalten hatte und an diesem Ort ein Heiligtum erbaute. Aber auch auf Abraham und Ismael, die das Heiligtum Adams wiedererrichteten, deshalb als Begründer des Heiligtums gelten und die Möglichkeit dafür geschaffen haben, dass Allah sich durch Muhammad offenbaren konnte und den Gläubigen die Gelegenheit bietet, sich von ihren Sünden zu befreien. Im Ritual der *Hadsch* (= Große Wallfahrt) und der *Umra* (= Kleine Besuchsfahrt) wird die schwarz verhüllte Kaaba von den in ein weißes Kultgewand gekleideten Pilgern siebenmal umrundet, der Schwarze Stein berührt und geküsst. Dadurch erlangen sie die Sündenfreiheit.

Trotzdem die Zentren der islamischen Zentralmacht wechselten (Medina, Damaskus, Bagdad, Istanbul), war Mekka bereits in den letzten Lebensjahren des Propheten – anfangs schrieb er die Gebetsausrichtung nach Jerusalem vor! – das unbestrittene geistig-religiöse Zentrum des Islam und blieb es bis heute.

Nach einer anderen Überlieferung wurde die Kaaba bereits 2.000 Jahre vor der Erschaffung der Welt im Himmel erbaut, wo sich immer noch das Original befinde. Adam habe es punktgenau jenem Ort nachgebildet, wo es im Himmel steht, und verwendete dazu Steine von fünf heiligen Bergen: dem Sinai, al-Judi, Hira, Olivet und Libanon. Zehntausend Engel bewachen das Heiligtum, das von der Sintflut zerstört wurde – weshalb die Wiedererrichtung durch Abraham und Ismael nötig wurde. Die Heiligkeit der Kaaba wurde z. B. im Jahr 930 durch die Sekte der *Qaramita* verletzt, die den Schwarzen Stein raubte und erst zwanzig Jahre später wieder zurückgab.

Der Drang zur kultischen Verehrung schlug besonders in der Bevölkerung immer wieder durch und wurde von den Schiiten, aber auch im Sufismus gepflegt, weil sowohl die zwölf »Imame« als auch einzelne »Scheikhs« (= spirituelle Führer) als »Heilige Gottes« *(walī Allāh)* verehrt wurden – oft noch viele

Generationen nach ihrem Hinscheiden. Wegen dieser Verehrung wurden ihnen z. B. in Nordafrika mit kleinen Kuppeln überwölbte Grabmäler gebaut, die man dort **Marbut** nannte – davon stammt der Ausdruck **Marabut** für einen wundertätigen Heiligen, dessen heilbringende Segenskraft *(baraka)* man anlässlich eines »Besuchs« *(ziyārāt)* von ihm erbittet.

Für das sunnitische Glaubensbewusstsein hat das bereits die Grenze zum Aberglauben überschritten und wurde deshalb von Zeit zu Zeit bekämpft. Anders war dies im schiitisch orientierten Iran oder im Moghulreich Indiens, wo es besonders prächtige Mausoleen gibt. Obwohl man solche Wallfahrten zu Grabmälern von Heiligen klar von der »Hadsch« unterschied, waren strenge Glaubenswächter diesem »Personenkult« gegenüber doch oftmals misstrauisch und bekämpften ihn im Sinne der Scharīa als »*Schirk*« (= Götzendienst). So wurden z. B. die in Medina befindlichen Gräber des zweiten, vierten, fünften und sechsten Imam, die von vielen Schiiten als Heilige verehrt werden, im Jahr 1804 bei der Eroberung Medinas durch die strenggläubigen Saudis unter Berufung auf wahhabitische Prinzipien zerstört.

Auch die bald nach Muhammads Tod einsetzende kultische Verehrung des Propheten muss in diesem Zusammenhang genannt werden. Sie äußerte sich z. B. darin, dass die Stadt Jathrib, in der Muhammad 622 mit seinen Getreuen Zuflucht fand, sehr bald **Medina** (= Stadt des Propheten) genannt wurde, dass die über seinem Wohnhaus bzw. Grab erbaute »Moschee des Propheten« (in der auch seine beiden Nachfolger Abu Bakr und Umar sowie seine Tochter Fatima begraben sind) sowie die »Moschee der zwei Gebetsrichtungen«, das »Grab von Hamza« (des 625 in der Schlacht bei Uhud gefallener Onkels von Muhammad) oder der »Graben«, den der Prophet 626 ziehen ließ, um Medina erfolgreich gegen die mekkanischen Widersacher verteidigen zu können, als Heiligtümer und Gedächtnisstätten gelten, die heute noch von vielen frommen Muslimen besucht werden.

Ähnliches gilt für **Jerusalem,** als Ort, von dem aus die »Himmelsreise« Muhammads erfolgte. An der Stelle, von der aus er sich auf dem Buraq in den Himmel schwang, wurde später der Felsendom erbaut, und er steht nach islamischer und jüdischer

Die Feste des Islams

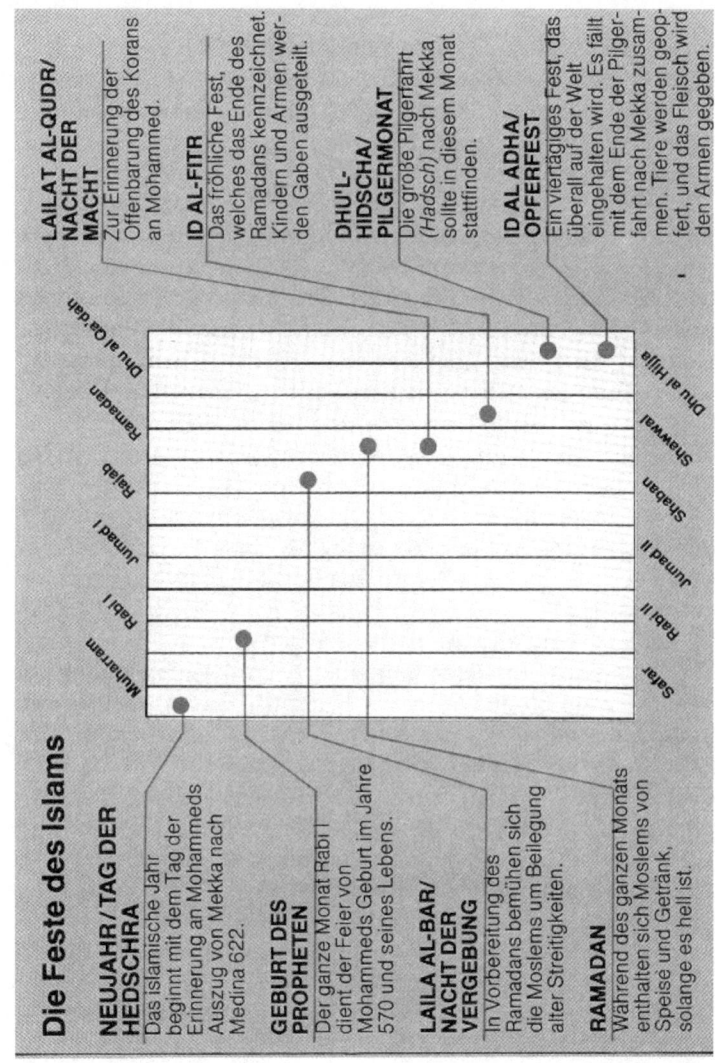

NEUJAHR / TAG DER HEDSCHRA
Das islamische Jahr beginnt mit dem Tag der Erinnerung an Mohammeds Auszug von Mekka nach Medina 622.

GEBURT DES PROPHETEN
Der ganze Monat Rabi I dient der Feier von Mohammeds Geburt im Jahre 570 und seines Lebens.

LAILA AL-BAR / NACHT DER VERGEBUNG
In Vorbereitung des Ramadans bemühen sich die Moslems um Beilegung alter Streitigkeiten.

RAMADAN
Während des ganzen Monats enthalten sich Moslems von Speise und Getränk, solange es hell ist.

LAILAT AL-QUDR / NACHT DER MACHT
Zur Erinnerung der Offenbarung des Korans an Mohammed.

ID AL-FITR
Das fröhliche Fest, welches das Ende des Ramadans kennzeichnet. Kindern und Armen werden Gaben ausgeteilt.

DHU'L-HIDSCHA / PILGERMONAT
Die große Pilgerfahrt (Hadsch) nach Mekka sollte in diesem Monat stattfinden.

ID AL ADHA / OPFERFEST
Ein viertägiges Fest, das überall auf der Welt eingehalten wird. Es fällt mit dem Ende der Pilgerfahrt nach Mekka zusammen. Tiere werden geopfert, und das Fleisch wird den Armen gegeben.

Muharram · Safar · Rabi I · Rabi II · Jumad I · Jumad II · Rajab · Shaban · Ramadan · Shawwal · Dhu al Qa'dah · Dhu al Hijja

Überlieferung genau an der Stelle, an der Ibrahim/Abraham seinen Sohn Ishāq/Isaak Gott zum Opfer bringen wollte und so die schwere Glaubensprobe bestand.

Die meisten dieser zuletzt genannten heiligen Stätten beziehen sich auf Muhammad. Und genauso ist es mit den **islamischen Feiertagen.** Sie beziehen sich auf besondere Ereignisse im Leben des Propheten, durch die dem islamischen Verständnis zufolge »eine besondere Begegnung mit der Allmacht Gottes erfolgte und sich eine besonders intensive Hoffnung auf die Entfaltung dieser Macht zugunsten der Menschen« entwickelt hat (Khoury). Diese Festtage beziehen sich auf den islamischen Kalender, der sich am Mond orientiert und daher mit kürzeren Monaten rechnet, weshalb die Festtermine jedes Jahr etwas anders liegen.

Die wichtigsten Feiertage sind der *Geburtstag des Propheten,* seine *Himmelsreise,* die *Nacht der Bestimmung,* das *Fest des Fastenbrechens,* das *Opferfest* und der islamische *Jahreswechsel = Gedenken an die Hidschra:*

Maulid (Geburtsfest des Propheten): Durch die große Verehrung, die Muhammad als »der Imām der Welt und die Leuchte ihrer Bewohner« erfuhr, wurden auch seine Empfängnis und Geburt mit frommen Überlieferungen ausgeschmückt, die teilweise auch seiner Mutter Amina in den Mund gelegt wurden: *Ich gebar Muhammad, und ich wandte mich, um ihn zu betrachten, und siehe, da lag er anbetend, seine Hände gegen den Himmel hebend, wie einer, der demütig fleht.* (Ibn Abbās)

Miradsch (Himmelsreise des Propheten): Die Erinnerung an dieses mystische Erlebnis des Propheten soll die Muslime anregen, sich auf die religiöse, soziale und auch politische Rolle in der Weltgemeinschaft zu besinnen und sie motivieren, mit mehr Selbstbewusstsein nicht nur die glorreichen Erinnerungen zu pflegen, sondern die Sache des Islam voranzubringen.

Hidschra-Fest (Islamisches Neujahr): Termin ist der 1. Muharram. Dieses Fest erinnert an die Auswanderung des Propheten und seiner Anhänger von Mekka nach Jathrib im Jahr 622 und den Beginn der machtvollen Ausbreitung des Islam

– sowohl als religiöse Lebensordnung wie als politische und kulturelle Macht.

Laylat al-qadr (Nacht der Bestimmung): Am 27. Ramadān wird dieses Gedenkfest an den Beginn der Offenbarungen Gottes gefeiert, die im Koran gesammelt und ständig rezitiert werden und das Fundament der »Rechtsleitung« darstellen: *Wir haben das Buch in einer gesegneten Nacht hinab gesandt, in der jede weise Angelegenheit einzeln entschieden wird als eine Angelegenheit von unserer Seite.* (44,2ff.)

Id al-fitr (Fastenbrechen): Das Ende des jährlichen Ramadān-Fastens wird als dreitägiges Freudenfest begangen. Die Gläubigen gratulieren einander für die bewiesene Stärke und Unnachgiebigkeit, liefern ihr in diesem Monat Erspartes zugunsten der Armen ab und verrichten – nach Möglichkeit unter freiem Himmel – ein feierliches Gemeinschaftsgebet

Id al-adhā (Opferfest): Am 10. Dhū al-Hidscha (Wallfahrtsmonat) wird das größte Fest des Islam gefeiert, das an das Opfer Abrahams und seine Glaubensstärke erinnern soll. Viele kaufen in Mekka auf der Hadsch einen Ziegenbock und essen ihn beim Abschlussfest der Pilgerreise gemeinsam mit ihren Begleitern oder mit Bedürftigen. Weltweit ist es das Fest der muslimischen Solidarität und unterstreicht die Wichtigkeit der sozialen Aspekte im Islam.

Daneben gibt es noch eine Reihe anderer Festtage – z. B. bei den Schiiten das zehntägige **Muharram-Fest** (beginnt mit dem Hidschra-Fest), bei dem in eindrucksvollen Ritualen und Umzügen – die stark vom altmesopotamischen Erbe der Schia, die ja im Irak ihren Anfang nahm, getragen sind – des Leidens der Familie des Kalifen Ali und am 10. Tag schließlich des Märtyrertodes seines jüngeren Sohnes Husain und seiner Getreuen gedacht wird, die in der Schlacht bei Kerbelā den Tod fanden.

ÜBERBLICK ÜBER ORDEN, SEKTEN UND ERNEUERUNGSBEWEGUNGEN

Wie die meisten Religionen hat sich auch der Islam im Laufe seiner Geschichte in viele Gruppierungen geteilt. Über die erste große Spaltung wenige Jahre nach dem Tod des Propheten wurde schon im historischen Teil ausführlich berichtet. Schiiten und Sunniten gingen seitdem in vielfacher Hinsicht eigene Wege, trotzdem haben sie doch viel mehr Gemeinsames als Trennendes, so dass man nicht von zwei verschiedenen »Religionen« sprechen kann – eher von zwei »Konfessionen«. Auch über die »Theologischen Schulen« bzw. »Rechtsschulen«, die zu Polarisierungen und erbitterter Feindschaft Anlass gaben und die Einheit des Islam in Frage stellten und stellen, wurde im Zusammenhang mit der historischen Entwicklung bzw. im Kapitel über die Scharīa ausführlich gehandelt – ebenso war bereits von den als Reaktion auf den Druck von Kolonialismus, Kommunismus und westlicher Zivilisation auf die ehemaligen islamischen Staaten oder Gesellschaften entstandenen »fundamentalistischen« Ausformungen im 20. Jh. – die von den Mitgliedern als »Erneuerungsbewegungen« verstanden werden – die Rede.

Im Zusammenhang mit der Islamischen Mystik kamen auch die Sufi-Orden *(turuq)* ein wenig in den Blick, und es wurde deutlich, dass einzelne Gruppierungen als »Sekten« die Verbundenheit mit der Schia oder der Sunna aufkündigten, sich von diesen »Konfessionen« abspalteten und eigene – oftmals sehr andersartige und oft auch eigenartige – Wege gingen.

Im Hinblick auf das Anliegen Grundwissen Religion, einen Überblick zu geben, sollen jetzt auch bisher noch nicht behandelte oder nur kurz genannte Gruppierungen in einer alphabetisch gehaltenen Übersicht kurz beschrieben werden:

Ahmadiyya: Es handelt sich um eine in Indien bzw. im späteren Pakistan von *Mirza Ghulam Ahmad* (gest. 1908) begründete schiitisch-missionarische Bewegung, die wegen ihrer synkretistischen Lehren, die weit über den Koran hinausgehen und ihm zum Teil auch direkt widersprechen (Ahmad verkündet sich z. B. als den im Islam, Christentum und Hinduismus erwarteten »Erlöser der Endzeit«), zumindest in ihrem radikalen Zweig *(Qadiyāni)* z. B. vom pakistanischen Parlament verurteilt und aus der Gemeinschaft der Muslime ausgeschlossen wurden.

Alawiten oder **Nusayrī:** Sonderform des Ismailismus in Syrien, vor dem 9. Jh. entstanden, pflegt die esoterische Auslegung *(batini)* des Koran, hebt Ali und die Imame in eine beinahe göttliche Position und schiebt Muhammad in den Hintergrund. In ihrer Lehre finden sich neben vorhellenistischen und hellenistischen Kultvorstellungen des antiken Syrien auch Elemente der pythagoräischen und chaldäischen Zahlenmystik sowie christliche und neuplatonisch-jüdische Vorstellungen. Sie entwickelten z. B. um die Trias Muhammad-Ali-Salman al-Fasari eine Dreieinigkeitslehre und sahen darin eine Emanation des Göttlichen – ebenso wie in der Trias Sokrates-Plato-Aristoteles. Die Sekte führt sich auf *Ibn Nusair* aus Basra zurück, der sich 859 zum »Tor« *(bab)* des 10. Imam Ali Naqi erklärte, und verlangt von ihren Mitgliedern Einweihungen. Sie glauben an die Reinkarnation und an kosmische Lebenswelten als Heimat der auf der Erde inkarnierten Seelen. Durch Suleiman Effendi aus Adana, der 1863 zum Christentum übertrat, sind wir über ihre Geheimlehren informiert. Im Schutz der Baath-Partei hatten einige Alawiten-Familien hohe politische Funktionen inne, z. B. Hafis al-Asad (von 1970 bis 2000 syrischer Staatspräsident). Das Zentrum dieser Gruppierung liegt in NW-Syrien (»Berg der Alawiten«). In den frühen achtziger Jahren gab es erbitterte Auseinandersetzungen mit der sunnitischen Moslem-Bruderschaft mit Tausenden Toten.

Al Qaida: 1989 gründeten *Osama bin Laden* und andere eine internationale Terrorgruppe unter dem Namen Al Qaida (= die Basis). Die Mitglieder sehen es als ihre Pflicht an, »unislamische« Regierungen in muslimischen Ländern zu bekämpfen. Nach dem Aufruf zum Dschihad am 12. Oktober 1996 erließ Osama bin Laden im Februar 1998 eine »Fatwa«, in der es heißt:

»Die Tötung von Amerikanern und ihren zivilen und militärischen Verbündeten ist eine religiöse Pflicht für jeden Muslim, die erfüllt werden muss, in welchem Land immer er sich aufhält, bis die Al-Aksa-Moschee ihrem Griff entrissen ist und ihre Armeen die muslimischen Länder verlassen haben.« Eine Reihe von Unternehmen bin Ladens dienen der Geldbeschaffung für die Al Qaida.

Assassinen: s. Ismailiten

Babismus: Er bezieht sich auf den frommen und sozialreformerisch tätigen iranischen Kaufmannssohn *Mīrzā Ali Muhammed Shīrāzi* (gest. 1850), der sich als Bab (= Vorläufer) des als »Mahdi« wiederkommenden, noch verborgenen 12. Imam bezeichnete, später als *Imam Mahdi* und *Nuqtiyi-ula* (= Erster Punkt unter dem ersten Buchstaben des Koran; d. h. dem Propheten Muhammad gleichgeordnet). Die »Shaykhi-Bewegung« erkannte ihn als solchen an, und bald fand er großen Zulauf und seine Schriften wurden weit verbreitet. Die persische Staatskirche verfolgte den »Bab«, und verurteilte ihn zu Festungshaft. Schließlich wurde er auf dem Kasernenhof von Täbriz erschossen und 1909 in einem kunstvoll angelegten Mausoleum am Abhang des Berges Karmel in Israel beigesetzt. Tausende Anhänger wurden hingerichtet, doch seine Bewegung lebt in der Baha'i-Religion (s. Baha'ismus) weiter.

Baha'ismus: In der um 1800 in Persien gegründeten »Shaykhi-Reformbewegung« fand der »Bab« (s. Babismus) eine bestens vorbereitete Gruppe, die bereit war, ihn als Mahdi (= von Gott Geleiteten) und einen der Qa'im (= sich in der Endzeit Erhebende) anzuerkennen. Sie verbreiteten die Schriften Shirazis: viele Sendschreiben an die Machthaber in den islamischen Reichen und den »Bayan«, sein neues Gesetzbuch, das die Lebensform seiner Anhänger reformieren sollte. Er erklärte Himmel und Hölle als Wirklichkeiten im Inneren des Menschen und die Auferstehung als Erwachen der Seelen. Seine Aufgabe als einer der Qa'im interpretierte er später so, dass er der Herold eines Größeren, nach ihm Kommenden sei. Er wurde verhaftet und starb 1850. Einer seiner Anhänger, der die Verfolgungen nach einem Attentat auf den Schah überlebt hatte, war *Mirza Husain-Ali*. Er wurde nach Bagdad verbannt und erhob dort 1863 den Anspruch, der vom Bab angekündigte *Baha'u'llah* (= der Erwählte Gottes) zu sein. Er vollendete den »Bayan« und verkündete den Anhängern bisher »verborgene« Trostworte Fatimas, der Tochter Muhammads und Ehefrau Alīs. In den beiden Büchern »Sieben Täler« und »vier Täler« bietet er Einweihungsstufen zur Vereinigung mit Gott an. Den Baha'i gelten diese Bücher des Baha'u'llah als geoffenbart und gleichwertig dem Koran und der Bibel – und er selbst als der Erfüller aller Zukunftserwartungen der Weltreligionen. Baha'u'llahs Nachfolger wurde 1892 sein Sohn *Abdul-Baha,* der auf vielen Reisen für die weltweite Verbreitung des Baha'ismus sorgte und der neue Religion einen zugleich modernen und internationalen Anstrich gab. Diese Arbeit setzte seit 1921 sein Enkel *Shogi Effendi* (1897–1957) fort, der in Oxford studierte, sich als Hüter dieser universalen Offenbarung an die Menschheit verstand und der Religion weltweit zum Durchbruch verhalf. Nach seinem Tod übernahm das von 56 Nationalen Räten gewählte »Universale Haus der Gerechtigkeit« mit Sitz in Haifa die Führung der Baha'i.

Charidschiten oder **Ibaditen:** Sie waren die ersten, die sich – obwohl Gefährten der ersten Stunde des in Opposition zu den ersten drei Kalifen stehenden Ali – aus politischen Gründen von ihm abwandten und eine neue, radikale Gemeinschaft bildeten, die Muhammads ursprüngliche Einstellung kopierten und jedermann als Ungläubigen erklärten, der ihre Auffassung nicht teilte. Unmittelbarer Anlass war die politische Kompromissbereitschaft des in Glaubensdingen unbeugsamen Ali, als er mit der seinen Anhängern beträchtlich überlegenen Armee des syrischen Gouverneurs Mu'āwiya eine Waffenruhe schloss, statt sie anzugreifen. Ungefähr hundert dieser *Charidschi* (= die auszogen) sonderten sich ab und bildeten eine eigene Gemeinschaft, die dem Kalifen Ali die Treue verweigerte. Er reagierte mit einer Strafaktion, die sie aber nicht vernichtete, sondern nur in ihrer Abneigung bestärkte. Einer derer, die damals entkamen, wurde drei Jahre später sein Mörder. Sie lehnten die von den Schiiten ins Treffen geführte Abstammung vom Propheten als Kriterium der Kalifenwahl ab und forderten, dass nur der beste, würdigste und frömmste Gläubige der »Stellvertreter« Muhammads sein könne. Viele Aufständische orientierten sich später an der radikalen Einstellung der Charidschiten, so dass sie immer wieder Zuzug hatten. Vor allem als *Abdallah Ibn Ibad* das Schwarz-Weiß-Denken milderte und neben den »Menschen des Paradieses« und den »Menschen der Hölle« auch »Menschen des Fegfeuers« gelten ließ, mit denen Allah erst beim Jüngsten Gericht abrechnet. **Ibaditen** – wie sich die Anhänger dieser neuen Richtung nannten – schufen später im westlichen Algerien ein blühendes Staatswesen und zogen viele Charidschiten von überall her an. Die Hauptstadt Tahert wurde dann aber im 10. Jh. von den Fatimiden zerstört und die Ibaditen auch aus Nordafrika vertrieben. Heute zählen die Charidschiten etwa 1,5 Millionen Mitglieder und leben vor allem in Masqat, der Hauptstadt des Oman – wo der Ibadismus das offizielle Glaubensbekenntnis ist –, und in anderen Arabischen Emiraten sowie auf der Insel Dscherba vor Tunesien.

Drusen: Sie gehören zur großen Gruppe der Ismailiten und teilen mit ihnen ein gemeinsames theosophisches Erbe. Wie die Alawiten haben sie sich zu einer »geschlossenen Gemeinschaft« weiterentwickelt, mit Einweihungsriten und Geheimlehren, deretwegen sie des Heidentums und der sexuellen Promiskuität verdächtigt wurden. Sie sind von den beiden Hauptströmungen des Islam weit entfernt, so dass man ihnen den Status einer eigenständigen Religionsgemeinschaft zuerkennen sollte. Ihre Entstehung geht in die Zeit des dritten Fatimiden-Kalifen *Hakim* (gest. 1021) zurück, der von einer kleinen Gruppe islamischer Intellektueller unter Führung des Persers *Hamsa* und des Türken *Darasi* (von ihm stammt der Name »Drusen«) als ismailitischer Imam verehrt wurde. Die Drusen sehen in ihm die Personifizierung des »höchsten kosmischen Intellekts« *(aql al-kull)*. Hakim »verschwand«, lebt »im Verborgenen« und wird als Mahdi am Ende der Zeiten erwartet. In Ägypten war der »Hakim-Kult« bald verschwunden, verlagerte sich aber nach Syrien. Drusen sind seit dem 11. Jh. in Südsyrien, im Libanon und in Galiläa ansässig. Sie entwickelten ein eigenes Rechtssystem (den Hanafiten nahe stehend) und halten sich eher an ihr *Rasa'il al-hikma* (= Epistel der Weisheit) als an den Koran. Sie bilden eine Zwei-Schichten-Gesellschaft (Wissende-Unwissende), glauben an die Reinkarnation und schließen sich stark von Andersgläubigen ab; die Zahl der Erwählten ist von Anfang der Schöpfung an festgelegt, daraus entsteht ein elitäres Bewusstsein und kein Interesse, die eigenen Wahrheiten anderen mitzuteilen. Seit der Mitte des 19. Jh. schwere Auseinandersetzungen mit maronitischen Christen im Libanon und den Israeli, wobei sie sich zeitweise mit linksorientierten Muslimen (Palästinensern und Ägyptern) verbündeten. Derzeit etwa 160.000 Personen = 7 Prozent der Einwohner des Libanon.

Fatimiden s. Ismailiten

Fundamentalismus s. Islamismus

Ibaditen s. Charidschiten

Imāmīya oder **Zwölfer-Schiiten:** Damit wird gewöhnlich die ursprüngliche, nicht extremistische und bei weitem zahlreichste Gruppe der Schia (Schiitismus) verstanden, also der Glaube jener Muslime, die in Ali den ersten legitimen Kalifen sahen und zwölf Imame als rechtgläubig anerkennen. Der zwölfte Imam *Muhammad ibn Hasan al-Muntazar* (später al-Mahdi genannt) soll im Alter von genau fünf Jahren am Tag des Todes seines Vaters (gest. 874) unter geheimnisvollen Umständen verschwunden sein. Da kein Nachfolger bestimmt war, begann sich eine geheimnisvolle Mystik auszubreiten: Er soll bis zum Jahr 940 in »kleiner Verborgenheit« (= Entrückung) und seither in der sogenannten »Große Verborgenheit« weiterleben und am Ende der Tage als der verheißene Mahdi (= Erlöser) wiederkehren und *»die Erde mit Billigkeit und Gerechtigkeit erfüllen, wie sie jetzt von Unterdrückung und Gewaltherrschaft erfüllt ist«.* Diese Lehre von der »Verborgenheit« *(ghaiba)* spielt in den Glaubensvorstellungen der Schiiten bis heute eine bedeutende Rolle und hat natürlich auch die Art ihrer Hingabe an Gott beeinflusst. Politisch bedeutete es einen Kompromiss: Durch einen inneren Rückzug von der Realpolitik und die Betonung eines stark eschatologisch gerichteten Glaubens wusste man sich vom »verborgenen Imam« »rechtgeleitet« und konnte daher den politischen Niedergang der Abbasiden-Dynastie und die Machtübernahme durch die schiitische *Buyiden-Dynastie* ohne große Probleme verkraften und eine kontinuierliche Erziehung der Gläubigen und Ausbildung ihrer Lehrer und Führer gewährleisten.

Ein halbes Jahrtausend später (1501) setzte sich die Zwölfer-Schia unter *Schah Ismail I.* als offizielle Doktrin des »Safawiden«-Reichs in Persien durch. Nach dessen Untergang im 18. Jh. und im langen Interregnum übernahmen de facto die *Mudschtahid* – als schiitische »Rechtsschule« – die spirituelle und gesellschaftliche Führung. Die Mullahs, Mudschaheddins und Ayatollahs garantierten die Kontinuität und nationale Identität der persischen Muslime – auch während der Qadscharen-Dynastie (bis 1924) und dann wieder seit 1979 – nachdem die Pahlewiden-Dynastie durch Selbstüberschätzung und Verkennung der tatsächlichen Machtstrukturen innerhalb der persischen Gesellschaft gescheitert war. Khomeinis Selbstverständnis freilich ging über die nationale Perspektive hinaus und sprach davon, dass »die iranische Revolution wie eine mächtige Woge den ganzen Mittleren Osten erfasst« hat.

Ishrāqīyūn: Mit 36 Jahren wurde 1191 in einem Glaubensprozess der im Iran geborene *Shihāboddīn Yahyā Suhrawardī* (genannt: »Scheikh Shahīd« = der Märtyrer) in Aleppo zum Tode verurteilt, weil sein Hauptwerk *Hikmat al-Ishrāk* (= »Die orientalische Theosophie«) das Missfallen der Rechtsgelehrten gefunden hatte. Suhrawardi knüpfte an Avicenna an, ergänzte ihn aber insofern, als er nachwies, dass Avicennas Vorstellungen von der hermetischen »Weisheit« auf den Lehren des Zarathustra fußen, den dieser »das Licht aller Lichter« nannte, aus dem der erste Erzengel *Bahman* entsprang, der an der Schaffung aller Lichtwesen (Engel und menschliche Seelen) beteiligt war. Zum Bewusstsein dieser Licht-Natur führen die Sufi-Meister der Ishrāqīyūn-Gemeinschaft, die bis heute im Iran existiert. Sie arbeiten damit im Sinne des verborgenen Imam, der ein Hauptträger dieser Licht-Natur ist, und im Sinne der walāyat, der esoterischen Prophetie, die dem Siegel des Propheten nachfolgt.

147

Islamische Gemeinschaft *(Dschamā'at-i-Islami):* So nannte der Indo-Pakistaner *Sajjid Abū'l Alā Maudūdī* (1903–1979) seine militante Organisation, mit deren Hilfe er seine neo-traditionalistische Ideologie durchsetzen wollte. Er wurde als »der systematischeste Denker des modernen Islam« bezeichnet, doch sein Denken war starr und konservativ und zog nur genuin islamische Begriffe zur Argumentation heran. Deshalb blieben sie auch der westlichen Öffentlichkeit weitgehend unbekannt. Der Islam ist für Maudūdī vollkommen und braucht keinerlei Rechtfertigung. Und er demonstrierte, dass die islamische Doktrin alle Bereiche des Lebens abdeckt. Er verglich den Islam aber immer in demagogischer Weise mit der »dekadenten und korrupten westlichen Gesellschaft« und zeigte auf, dass vom Westen keine neuen Werte zu erwarten seien, sondern man die Anwendung von Scharīa und Fiqh modernisieren müsse. Er legte eine voll entwickelte Ideologie vor, die Antworten für alle aktuellen Probleme anbietet. Aus diesem Grunde wird Maudūdī von allen Islamisten zwischen Ägypten und Malaysia bewundert, seine Werke wurden ins Arabische übersetzt, und er ist unter den jungen sunnitischen Aktivisten einer der meistgelesenen Vordenker, der mit seiner Radikalität viel zum neuen islamischen Selbstbewusstsein beiträgt. Ursprünglich war er ein Gegner der Gründung Pakistans, weil er im Islam die einzige wahre Weltreligion sieht und ganz Indien islamisieren wollte. Schließlich stimmte er zu, dass seine Islamische Gemeinschaft in vorderster Linie an der islamischen Verfassung des neuen Staates arbeitete. In der Folgezeit agierte die »Dschamiat« mit wechselndem Erfolg, erlangte aber nie den Status einer führenden politischen Partei.

Islamismus: Die politischen Ideologien auf islamischer Basis, soweit sie im 20. Jh. entwickelt worden sind, werden heute eher unter dem Begriff »Islamismus« als unter »Fundamentalismus« zusammengefasst und lassen sich so am besten von den zahlreichen und verschiedenartigen Formen des traditionellen Islam abgrenzen. Als Wurzeln des »Islamismus« sieht man die durch den Kolonialismus bewirkte Zersetzung der traditionellen gesellschaftlichen Strukturen, das ökonomische und politische Versagen der meisten nachkolonialen Regierungen und antiwestliche bzw. antimodernistische Ressentiments. Für die islamischen Enklaven in Europa ist er vor allem ein Gegengewicht gegen die übermächtige fremde Umgebung und eine Quelle neuen Selbstbewusstseins, weil er den Islam als dritten Weg zwischen Kapitalismus und Kommunismus propagiert. Man rechnet dazu sowohl die 1928 in Ägypten gegründete »Moslem-Bruderschaft« wie die »Islamische Gemeinschaft« (Maudūdī) und die »Muslim-Liga« des indischen Modernisten *Muhammad Iqbal* (1875–1938) in Pakistan, aber auch die »Islamische Revolution« des Ajatollah Khomeini im Iran und viele andere islamistische Ideologien, die noch nicht den Charakter einer ausgeprägten politischen Richtung angenommen haben.

Ismailiten oder **Siebener-Schiiten:** Darunter versteht man jene extrem-schiitische Gruppierung, die nur sieben »rechtmäßige« Imame anerkennt und sich nach dem siebten Imam *Muhammad ibn Isma'il* (gest. 760) benennt, deren Mitglieder in seinem Namen (er ist der »verborgene« Führer) handeln. Die älteste Gruppierung, die es aber schon lange nicht mehr gibt, wurde von *Hamdan Qarmat* in den sechziger Jahren des 9. Jh. in Kufa als Opposition gegen die Abbasiden begründet. Diese Qarmaten lebten nach »ur-kommunistischen« Grundsätzen, begründeten dann auf der Insel Bahrain im Persischen Golf einen dynastischen Staat, der Aufsehen erregte, als ein Qarmaten-Kommando 969 Mekka besetzte und den Schwarzen Stein aus der Kaaba raubte. 1094 spaltete sich die Siebener-Schia in einen Orientalen- und einen Okzidentalen-Zweig. Letzterer erlangte den größten Erfolg aller Ismailiten durch die Installierung der Dynastie der **Fatimiden** in Ägypten, die in ihrer Blütezeit vom Atlasgebirge bis nach Sind (im heutigen Pakistan) einen guten Teil der islamischen Länder beherrschten. Der Orientalen-Zweig dagegen schuf ein Reich am Kaspischen Meer mit der Hauptstadt Alamūt und bekämpfte z. B. unter der Führung von *Hassan Sabbah,* des legendären »Alten vom Berg«, von Jordanien bzw. dem Nordiran aus mit terroristischen Aktionen die Verweltlichung des sunnitischen Islam und arbeitete am Sturz des sunnitischen Kalifats. Diese politischen Aktivitäten des Geheimbunds der *Assassinen* waren aber nur die eine Seite ihrer Bestrebungen. Sie entwickelten nämlich auch eine kühne Geistlehre, welche die Eschatologie der Zwölfer-Schia ins Präsentische wendet und im Islam den göttlichen Lichtträger sieht, der mit seiner Kraft alle erfüllt und leitet, die sich ihm im Glauben öffnen. Der Mongolensturm setzte zwar 1251 der Existenz des Ismailiten-Staates im Kaukasus ein Ende, ihre Ideen leben aber in bestimmten Zweigen des Sufismus weiter. Eine bis heute bestehende und sehr einflussreiche ismailitische Gruppierung sind die **Nisari(ten)** – auch unter dem Namen *Chodscha-Gemeinschaft* bekannt – besser bekannt durch ihren »lebenden« Imam *Aga Chan I.*, der sich als Abkömmling des Fatimiden *Nisar* bezeichnete und in Indien 1866 durch einen Spruch des Obersten Gerichtshofes in Bombay zu großem Reichtum kam. Sie leben heute in Indien, Pakistan, Syrien, Großbritannien, Ostafrika und Kanada und verfügen über großen Reichtum. Ihr jetziges Oberhaupt *Aga Chan IV.* leitet ein riesiges Wirtschaftsimperium von mehr als 70 Industrieunternehmen, Hotels, Medien, Supermärkte, Gestüte usw. Ein weiterer Zweig sind die sogenannten **Mustalis** oder *Bohora Moslems* – eine reiche indische Kaufmannskaste, die im Mullahji ihr geistiges Oberhaupt verehrt und eine Geheimlehre entwickelt hat, die nicht nur dem sunnitischen Islam völlig fremd ist, sondern auch einen Imam verehrt, der nicht von Hasan und Husain abstammt, also außerhalb der schiitischen Grunddoktrin steht.

Moslem-Bruderschaft: In Ägypten war 1922 – etwa zeitgleich mit der modernen Türkei des Kemal Atatürk – eine konstitutionelle Monarchie und ein säkularer arabischer Nationalstaat als Nachfolger der osmanischen Zentralführung errichtet worden. Als Gegengewicht gründete der Schullehrer *Hasan al-Bannā* 1928 die »Moslem-Bruderschaft« mit dem Fernziel der Schaffung eines islamischen Staates. Er predigte in Moscheen und Privatwohnungen, verkündete einen »aktivistischen Reformismus« und sammelte Anhänger, die wie er entschlossen waren, mit gesellschaftlichen, politischen und auch militärischen Aktivitäten ein modernes islamisches Ägypten zu schaffen. Er machte konkrete Vorschläge, wie der neue konstitutionelle Rahmen Ägyptens den Bedürfnissen eines islamischen Staates gemäß verändert werden könnte. Den Ersatz der Scharīa durch europäische Rechtsnormen lehnte er aber konsequent ab, denn das bedeutete für ihn die Zerstörung der muslimischen Gesellschaft und einen Verrat von »Gottes Gesetz«. Mitglieder aus allen Gesellschaftsschichten ließen sich anwerben und bald war die Bruderschaft ein bedeutender Machtfaktor. 1948 beteiligten sich viele Freiwillige in der ägyptischen Armee am Palästinakrieg und nahmen Kontakt mit dem »Komitee der Freien Offiziere« auf, die vier Jahre später König Faruk stürzten. Während der Unruhen wegen der Niederlage löste die Regierung die Bruderschaft auf, so dass Tausende nach Palästina, Jordanien, Syrien, ja selbst nach Pakistan gingen und dort ihre islamistischen Ideen verbreiteten. Bannā blieb im Land, wurde aber 1949 ermordet. Sein Nachfolger als Leiter der Bruderschaft wurde *Hasan al-Hudaibi*, der sich vom terroristischen Flügel der Bruderschaft distanzierte und 1951 zur Vertreibung der Engländer aufrief. Das Regime *Nasser* bot der Bruderschaft drei Regierungssitze an. Sie wurden nicht angenommen, und bald kam es zu immer größeren Auseinandersetzungen – geschürt vom Chefideologen *Sajjid Outb*, der für eine Liaison mit den Kommunisten sorgte und den terroristischen Flügel forcierte. 1954 und 1965 wurden Tausende Mitglieder verhaftet, verbannt oder hingerichtet. Nach Nassers Tod 1970 suchte sein Nachfolger *Anwar as-Sadat* wieder mehr Kontakt mit der Bruderschaft, öffnete aber zugleich dem Westen die Tore zur ägyptischen Wirtschaft. Dagegen wandten sich immer mehr radikale Gruppierungen innerhalb der Bruderschaft (»Soldaten Gottes«, »Dschihad-Gesellschaft« u. a.), und es kam zu größeren Auseinandersetzungen, die schließlich 1981 zum Anschlag auf Sadat führten. Unter seinem Nachfolger *Hosni Mubarak* blieb die Moslem-Bruderschaft die Hauptträgerin des sunnitischen Polit-Aktivismus – und dies nicht nur in Ägypten, sondern auch in Syrien und im Sudan.

Mustali oder **Bohora Moslems:** s. Ismailiten

Mutaziliten: s. Qadarīya

Nisari(ten): s. Ismailiten

151

Orden: »Theologen und Juristen sind nicht die einzigen Repräsentanten des Islam. Neben der Gesetzesreligion und keineswegs notwendigerweise im Widerspruch zu ihr gab es von Anfang an immer auch die Welt der persönlichen Gottsuche und der Mystik, in der die Liebe – im reziproken Sinn: als Liebe Gottes zum Menschen und als Liebe des Menschen zu Gott – von zentraler Bedeutung war ... Die Mystik blieb nicht, wie im Abendland eine Angelegenheit von Einzelpersönlichkeiten, sondern ging im Laufe der Jahrhunderte immer mehr unters Volk.« (Josef von Ess) Es handelt sich um religiöse »Bruderschaften« *(tariqa)*, die von Sufi-Scheikhs gegründet wurden oder in ihrem Schülerkreis entstanden. Als älteste gilt der vom Perser *Abd al-Qadir Dschilani* gegründete Qadarīya-Orden, der von seinen Söhnen mit vielen Niederlassungen zwischen Westafrika und Südostasien organisiert wurde und bis heute weit verbreitet ist. Die Mitglieder nennt man im Persischen »Derwische« im Arabischen »Fakire« (= Arme). Siehe die Zusammenstellung der wichtigsten Orden auf Seite 153:

Qadarīya: Damit wird die älteste theologische Richtung im Islam bezeichnet, die erstmals in Syrien nachweisbar ist. Ihre Vertreter waren vom freien Willen des Menschen und von seiner Eigenverantwortlichkeit überzeugt und versuchten, sie mit der Allmacht *(qadar)* Gottes in Einklang zu sehen. Qadariten waren daher auch zu Beginn des 8. Jh. Führer der Opposition gegen die Umaiyaden-Kalifen in Bagdad. Ihre Nachfolge traten zu Beginn des 9. Jh. die **Mutaziliten** im Irak an, die dem verantwortlichen Menschen einen von allem Menschlichen und Relativen gesäuberten Gottesbegriff gegenüberstellten. Ihre Nachfolge traten seit dem 11. Jh. die »Zwölfer-Schiiten« an (s. Imāmīya). Ihre erklärten sunnitischen Gegner waren seit dem 9. Jh. die traditionalistischen »Hanbaliten«, die eine extreme Vorherbestimmung (Prädestination) des Menschen durch den allmächtigen, allwissenden Gott vertreten und schließlich auf der Basis des sogenannten »Okkasionalismus« Gott allein jede Ursächlichkeit vorbehalten und jede Kausalität in der Natur und in der Gesellschaft leugnen; die Vorstellung von Ursache und Wirkung sei nur eine Illusion und entstehe deshalb, weil Gott manches immer wieder ähnlich oder gleich bewirkt.

Überblick über die islamischen Ordensgemeinschaften

Name	Gründer (Entstehungszeit)	(Heutige) Verbreitung	Ordenstracht
BADAWIJA	al-Badawi (gest. 1277)	Ägypten	Roter Turban
BAJUMIJA	al-Bajumi (gest. 1766)	Ägypten, Iran, Pakistan	Grüner Turban
BEKTASCHIJA	Bektasch Wali (15.Jh.)	weit verbreitet	Weiße Mütze
CHALWATIJA	(»die Zurückgezogenen«)	1898 zerschlagen	
CHISCHTIJA	ad-Din Cischti (gest. 1236)	Pandschab	Ockerfarbenes Mönchskleid
DASUQIJA	Ibrahim al-Dasuqi (gest. 1288)	Unterägypten	Weißer Turban
DERQAWA	al-Derqawi (gest. 1823)	Marokko	Grüner Turban, langer Bart
KALANDARIJA		Ägypten	Lumpengewänder
KASERUNIJA	Abu Ishaq Kaseruni (14. Jh.)		
MALAMATIJA	(»Wanderderwische«) 9. Jh.		
MAULAWUJA	ad-Din Rumi (gest. 1273)	Türkei	Sikke-Kappe (Tanzende Derwische)
NAQSHBANDIJA	an-Nakshbandi (gest. 1389)	weit verbreitet	
QADARIJA	al-Qadir Dschilani (1140)	weit verbreitet	Grüner od. weißer Turban
QALANDARIJA	(»Wanderderwische«) 11. Jh.		
RIFAII'JA	Ahmad ibn Ali ae-Rifai'i	Türkei, Syrien, Ägypten	
SANUSSIJA	al-Sanussi (gest. 1859)	Algerien, Libyen, Ägypten, Syrien	
SCHADHILIJA	asch-Schadhili (gest. 1258)	Ägypten	Roter Fez
SUHRAWARDIJA	as-Suhrawardi (gest. 1234)	1847 zerschlagen	
TIDSCHANIJA	Ahmad at-Tidschani (gest. 1815)	Algerien, Marokko	Weißer Turban
ZIJANIJA	Ibn Abi Zijan (gest. 1733)	Saharaoasen	Berberkleidung

Qarmaten s. Ismailiten

Rechtsschulen: s. Kapitel *Das islamische Rechtssystem*. Gemeint sind damit die insgesamt fünf Gelehrtenschulen, die nach dem Tod Muhammads und wegen der politischen Spaltungen und das dadurch bedingte Fehlens einer zentralen religiös-politischen Autorität bzw. in den »Kalifenlosen Zeiten« entstanden sind und diese Funktion supplieren: Hanafiten, Malikiten, Schafi'iten, Hanbaliten (Wahhabiten) und Zadikiten.

Schia/Schiiten: Die erste Spaltung der Glaubensgemeinde Muhammads *(umma)* entstand, als Alī, der Schwiegersohn und Cousin des Propheten, auch bei der Wahl des 3. Nachfolgers im Jahre 644 nicht zum Zug kam. Es bildete sich eine eigene »Partei« *(= schia)*, die aus persönlichen und politischen Interessen – zumindest zu Beginn keineswegs aus Glaubensgründen! – in Opposition zum neuen Kalifen Uthmān trat, viele seiner Anordnungen unter Berufung auf den Koran und die Praxis des Propheten, welche nur ein »sündenloser Imam aus dem Hause Muhammads *(ahl al-bait)*« – nämlich Alī – maßgeblich interpretieren könne, kritisierte. So begann bereits zwölf Jahre nach dem Tod des Propheten der Spaltpilz der Uneinigkeit wirksam zu werden, der bis heute in verschiedensten Formen wirksam ist. Man kann nicht so leicht sagen, wo die Wahrheit liegt, denn die Vierfünftel-Mehrheit der Sunniten beruft sich zwar auf Koran und Prophetentradition, ignorierte aber – mit vordergründigen Argumenten – von Anfang an die Vorliebe Muhammads für Alī und ließ ihn nicht zum Zug kommen.

Sikh (Sikhismus): Das Aufeinandertreffen der beiden großen Weltreligionen Hinduismus und Islam brachte nicht nur große Probleme, Auseinandersetzungen und neue Impulse auf politischer und kultureller Ebene mit sich, sondern führte auch zur Entwicklung einer neuen Religion, die man weder dem Hinduismus noch dem Islam zuordnen kann, weil sie sich durchaus eigenständig entwickelt hat. Sie wird im Band DER GLAUBE DER HINDUS TN-Reihe topos plus Nr. 469 (S. 151–156) dargestellt. Hier sei nur so viel gesagt, dass es sehr lange dauerte, bis der Islam in Indien mit der damals bereits drei

Jahrtausende alten hinduistischen Religion einigermaßen koexistieren konnte. Dass der Sikhismus sich schließlich ab dem 15. Jh. als »dritte Kraft« in Nordindien etablieren konnte, ist vor allem zwei Personen zu verdanken: dem indischen Dichter *Kabir* (gest. 1518) und dem Guru *Nanak Dev* (gest. 1538), dessen Jünger sich »Sikh« (= Schüler) nannten. Zwei Jahrhunderte lang prägten Gurus im Geiste Kabirs und Nanaks die Sikh. *Guru Arjun* (gest. 1606) sammelte verschiedene Hymnen und Gebete, fasste sie im »Adi Guru Granth« zusammen, der im »Goldenen Tempel« in Amritsar verehrt wird und bis heute den Mittelpunkt des Sikhismus bildet.

Taliban: In afghanischen Flüchtlingslagern in Pakistan wurden unter der ideologischen Leitung von *Sami Ul-Haq* zu Beginn der neunziger Jahre des 20. Jh. – anfangs finanziert von Saudi-Arabien und unter Mitarbeit des pakistanischen Geheimdienstes ISI und amerikanischer Agenten – islamische Guerillas für den Kampf gegen die russische Besatzungsmacht in Afghanistan ausgebildet. Unter dem Namen »Koranschüler« *(Taliban)* wurden sie willfährige Handlanger des Islamismus im »Krieg gegen die Zivilisation«, vor allem gegen die Amerikaner, als diese Osama bin Laden als Drahtzieher des Terroraktes vom 11. September 2001 gegen das World Trade Center in New York in Afghanistan suchten und die Taliban unter Führung von Mullah *Mohammed Omar* sich als seine »Beschützer« deklarierten. Zwischen den Kämpfern der sogenannten Nordallianz und den amerikanischen Bombern, Kampfflugzeugen und Spezialtruppen zerrieben, gingen viele Überlebende in die Gefangenschaft; die Organisation besteht aber weiter, und die Ideologie des **Dschihadismus** (vom blinden Ägypter *Omar Abder Rahman* ins Leben gerufen) ist noch lange nicht am Ende. In der gesamten mittelasiatischen Krisenregion gibt es viele »Mudschahids« (= in den Dschihad = Heiligen Krieg gezogene junge Muslime), die ihre Erfüllung im Widerstand gegen »den Westen« finden.

Zayditen oder **Fünfer-Schiiten:** Im Gegensatz zu den Zwölfer- und Siebener-Schiiten erkennen die Zayditen nur fünf Imame an und benennen sich nach dem fünften Imam Zayd, der sich zu Beginn des 8. Jh. gegen die Veräußerlichung und

Verpolitisierung des Glaubens unter den Umaiyaden zur Wehr setzte und für einen vergeistigten Kurs der Schia eintrat. Sein Aufstand 740 scheiterte, und er kam mit vielen seiner Anhänger ums Leben. Die Bewegung überlebte in zwei abgelegenen Berggebieten in Tabaristan (an der Südküste des Kaspischen Meers) und in Sadá in den jemenitischen Bergen. Die Lehre der Fünfer-Schia wurde von *Qasim ar-Rassi* (gest. 860) formuliert und lag in der Mitte zwischen den orthodoxen Schiiten und den Charidschiten: Der wahre Imam musste ein Nachkomme Alis und Fatimas sein (wie Zayd), er soll Meisterschaft auf dem Gebiet des religiösen Wissens und politischen Scharfsinn miteinander kombinieren können, braucht jedoch kein Sohn eines Imam zu sein. Man könne sogar auf einen Imam verzichten, wenn kein geeigneter Kandidat zur Verfügung stehe. Für die Bergregion war diese Doktrin realistisch, so überlebte das Imamat im Jemen unter teilweise hervorragenden Führern – die wie die sunnitischen Kalifen in ihren besten Zeiten streng, aber gerecht herrschten – bis weit in das 20. Jh. herein. Erst 1970 wurde der Imam gestürzt und die Republik ausgerufen.

Der im Juli 2015 80 Jahre alt gewordene Dalai Lama Tenzin Gyatso sagt in seinem 2015 erschienenen Buch »Ethics is more important than Religion«: »Wir kommen nicht als Mitglied einer bestimmten Religion auf die Welt. Aber Ethik ist uns angeboren – und daher wichtiger als Religion. Ich denke an manchen Tagen, dass es besser wäre, wenn wir gar keine Religionen mehr hätten. Alle Religionen und alle Heiligen Schriften bergen ein Gewaltpotenzial in sich. Deshalb brauchen wir eine säkulare Ethik jenseits aller Religionen.«

Verwendete Literatur

Eliade, Mircea: Geschichte der religiösen Ideen, Bd. III/1. Freiburg/Br. 1983.

Ess, Josef van: Islam und Christentum, in: Christentum und Weltreligionen – Hinführung zum Dialog. Hg. von Hans Küng. München 1984.

Glasenapp, Helmuth von: Die fünf Weltreligionen, München 2001.

Gottschalk, H. L.: Der Islam, in: Christus und die Religionen der Erde. Hg. von Franz König. Wien 2. Aufl. 1956.

Gstrein, Heinz: Islamische Sufi-Meditation für Christen. Wien 1977.

Halm, Heinz: Der Islam. Geschichte und Gegenwart. München 3. Aufl. 2001. (= C. H. Beck Wissen Nr. 2145)

Handbuch der Weltreligion. Hg. von Wulf Metz. Graz 1983.

Hardon, John A.: Gott in den Religionen der Welt, Luzern 1967.

Hemleben Johannes: Pierre Teilhard de Chardin. Reinbek 1966. (= rowohlt-bildmonographie Nr. 580:

Hierzenberger, Gottfried: Der Glaube der Muslime, in: Der Glaube der Menschen. Hg. von Franz König. Wien 1994 (1985), S. 247–273.

Hierzenberger, Gottfried: Jenseitserfahrungen des Propheten Muhammad, in: Ders., Erkundungen des Jenseits. Wien 1988, S. 148–155.

Holl, Adolf: Religionen. Stuttgart 1981.

Jäggle, Martin/Krobath, Thomas (Hg.): Ich bin Jude, Moslem, Christ. Junge Menschen und ihre Religion. Innsbruck 2002.

Khoury, Adel Theodor: Der Islam – sein Glaube, seine Lebensordnung, sein Anspruch. Freiburg/Br. 5. Aufl. 1988. (= Herder Spektrum Nr. 4167)

König, Franz/Waldenfels, Hans (Hs.): Lexikon der Religionen – Phänomene, Geschichte, Ideen. Herder Freiburg/Br. 1987.

Der Koran. Das heilige Buch des Islam nach der Übertragung von Ludwig Ullmann neu bearbeitet und erläutert von L. W. Winter. München 8. Aufl. 1979 (1959).

Küng, Hans: Spurensuche – Die Weltreligionen auf dem Weg. München 2001.

Lewis, Bernhard: Welt des Islam. Geschichte und Kultur im Zeichen des Propheten. München 2002.

Madaule, Jacques/Zenyoji, Yasuyuki: Jerusalem. Die heilige Stadt dreier Religionen. Freiburg/Br. 1982.

Mertensacker, Maria Adelgunde: Geführt von Dämonen. Mohammed im Urteil seiner Zeitgenossen. Lippstadt 2. Aufl. 1993.

Diess.: Der Prophet Allahs. Lippstadt 1996.

Diess.: Muslime erobern Deutschland. Eine Dokumentation. Lippstadt 1998.

Diess.: Moscheen in Deutschland. Lippstadt 2001.

Nussbaumer, Heinz: Europas Christen und der Islam: Distanz und Nähe, in: Die Union. Integrationsfragen, Februar 2001, S. 103–114.

Ders.: Khomeini – Revolutionär in Allahs Namen. München 1979.

Prenner, Karl: Die Stimme Allahs. Religion und Kultur des Islam. Graz 2001.

Russo, Raffaele: Der Islam – Geschichte, Glaubensinhalte, Glaubensrichtungen, Fundamentalismus. Klagenfurt 2001.

Ruthven, Malise: Seid Wächter der Erde. Die Gedankenwelt des Islam. Frankfurt/Main 1987. (= Ullstein Sachbuch Nr. 34376)

Schimmel Anemarie u. a. (Hg.): Lyrik des Ostens. Gedichte vom Nahen bis zum Fernen Osten. München 1978.

Scholl-Latour, Peter: Allah ist mit den Standhaften. Begegnungen mit der islamischen Revolution. Stuttgart 2. Aufl. 1983.

Smart, Ninian: Die großen Religionen. München 1981.

Stierlin, Henri: Die Welt der Araber. Genf 1983.

Ders.: Die Welt Spaniens. Genf 1983.